岩 波 文 庫
38-603-2

ジャック・ラカン

精神分析の四基本概念

（下）

ジャック＝アラン・ミレール編
小出浩之・新宮一成
鈴木國文・小川豊昭 訳

岩 波 書 店

LE SÉMINAIRE DE JACQUES LACAN
Livre XI

Les quatre concepts fondamentaux de la psychanalyse
1964

Texte établi par Jacques-Alain Miller

First published 1973 by les Éditions du Seuil, Paris.

First Japanese edition published 2000,
this paperback edition in two volumes published 2020
by Iwanami Shoten, Publishers, Tokyo
by arrangement with
les Éditions du Seuil, Paris.

目　次

転移と欲動……………………………………………9
X　分析家の現前　11
XI　分析と真理、あるいは無意識の閉鎖　39
XII　シニフィアンの列の中の性　65
XIII　欲動の分解　93
XIV　部分欲動とその回路　121
XV　愛からリビードへ　149
〈他者〉の領野、そして転移への回帰…………………181
XVI　主体と〈他者〉——疎　外　183
XVII　主体と〈他者〉(II)——アファニシス　213

XVIII　知っていると想定された主体、最初の二つ組、そして善について　243
XIX　解釈から転移へ　275
このセミネールを終えるにあたって……………311
XX　君の中に、君以上のものを　313
編者説明文　343
後　記　345
講義要約　357
文庫版 訳者覚え書き　363
二〇〇〇年版 訳者覚え書き　365

上巻目次

Ⅰ　破　門

無意識と反復

Ⅱ　フロイトの無意識と我われの無意識

Ⅲ　確信の主体について

Ⅳ　シニフィアンの網目について

Ⅴ　テュケーとオートマトン

対象aとしての眼差しについて

Ⅵ　目と眼差しの分裂

Ⅶ　アナモルフォーズ

Ⅷ　線と光

Ⅸ　絵《タブロー》とは何か

翻訳改訂協力

菅原誠一
深尾　琢
古橋忠晃

精神分析の四基本概念

（下）

転移と欲動

X　分析家の現前

転移の諸問題
分析の中の蒙昧主義
「原因がなければ Ablata causa」
〈他者〉、それはすでにそこにいる
無意識は外にある
『国際誌 International Journal』のある論文

私がいつもマッチ箱を捜さなくてもよいように、ある人が私にご覧のように大きなマッチ箱をくれました。その箱の上に「聴く術を心得ることは、よく語る術を心得ることにも値する」という標語が書かれていました。これは我われの職務の二つの面を示しています。我われも、それら我われの職務におおよそ適う能力を身につけたいものだと思います。

今日は転移について取り上げます。つまり、この転移という問題へと近づき、二回目の講義のときにお約束したように、みなさんがこの転移という概念について何らかの考えを持つことができるようになることを希望します。

1

転移とは一般的には、一つの情動と考えられています。そして転移については陽性転移とか陰性転移とか、漠然とした言い方がなされます。陽性転移とは愛であると一般に考えられています。これは根拠がないわけではありませんが、このような言葉の使い方はまったく大雑把なものと言わざるをえません。

フロイトは、ひじょうに早くから、転移の中で生じる愛は真正のものかどうかという問題を提起しました。一般的には、それは端的に言うと一種の偽《にせ》の愛、愛の影であると考えられています。しかしフロイトはむしろそういう方向には行きませんでした。いわゆる「真正の愛 eine echte Liebe」とは何かという問いをそれまでよりはるかに押し進めたということ、これこそ転移の経験がもたらした大きな利益の一つです。

一方陰性転移という言い方はもっと慎重な節度のある使われ方をしており、これが憎しみと同一視されることは決してありません。むしろ代わりに両価性という用語が使われます。しかしこの用語は、憎しみという用語以上に、扱いが必ずしもつねに適切とはいかない事態、混乱した事態を、なおいっそう見えなくさせます。

むしろ、陽性転移とは、問題になっている人、つまりここでは分析家に対して、まあ何といいますか、優しい感情を持っているときであり、陰性転移というのは、分析家を不信の目で見ているときである、とでも言った方がより正確でしょう。

もう一つ、転移という用語の別の使い方があります。それは、今申し上げた使い方とは区別しておく方がよいでしょう。つまり、転移こそが分析家という他者との特殊な関係を構造化しており、この関係をめぐって生じるあらゆる思考の価値は、留保して考えなくてはならないと言われるような場合の使い方です。ここから次のような表現が出てきます。この表現が患者の行動に当てはめられるとき、それは一種の挿入句、保留として、さらには疑惑としていつも心に留め置かれます。つまり「彼はまったく転移の中にいる」という表現です。このような表現では、患者のものごとの捉え方すべてがまったく転移を中心に再構造化されていると考えられているわけです。

転移の意味については以上の二つの指摘で今のところ十分と思いますから、これ以上は申し上げません。

もちろんこれで満足するわけにはいきません。というのも、我われの目的は転移という概念そのものへと近づくことですから。

この概念は実践の中でのその機能によって定義されるものです。この概念は、患者たちを治療する仕方を方向づけています。逆に言えば、患者たちを治療する仕方がこの概念を要請しているのです。

このように言うと、転移は分析実践と結びついているのではないか、つまり転移とは分析実践の産物、さらにはアーティファクトなのではないか、という問いは最初からすでに解決ずみであるかのようにも見えます。転移について意見を述べたたくさんの人たちの中でも、イダ・マカルピンという人は、転移をこういう方向で語ることを極端に押し進めました。そのような立場の利点が何であれ――彼女は大変頑固な人ですから――我われはただちに、この極端な立場を受け入れることはできないと言わねばなりません。いずれにせよこの問題をこのように片づけてしまっては、決して解決したことにはなりません。我われもまた転移が分析状況の産物と考えざるをえないとしても、我われは、分析状況だけでは転移という現象をすっかり作り出すことはできないし、また、この現象を作り出すためには、分析状況の外にすでに転移の可能性が存在しているのでなくてはならないと言うことができます。そして、分析状況はその可能性に内容を与えるもの、おそらくいつもたった一つの内容を与えるものなのです。

だからといって、分析における転移の働きとして構造化できるような諸効果が、分析家が地平に存在しない場合にも生じうる、ということを認めないわけではありません。ただ、これらの諸効果が見出されるときには、分析によってそれらの諸効果に実験的モデルを与えることができます。このモデルは我われが自然なモデルと呼んでいるものとまったく異なるものではありません。だからこそ、転移がその構造的基盤を持っている分析の中で、転移を生じさせることが、転移という概念を適用する普遍性の根拠づけとして唯一ふさわしい方法だということになるのです。ですから分析という領野の中で転移の概念を縛りつけている紐、さらにまたこの概念にまつわる「臆見」の紐を切れば十分であると言えるでしょう。

これらのことはすべて結局自明の理にすぎません。しかしどこまでが自明なのかということをはっきりさせておくことは、手はじめにやってみる価値のあることです。

2

以上のような導入は、みなさんに次のことを思い出していただくためのものです。つまり、精神分析の基本へと近づくためには、精神分析の基礎となっている主要な諸概念に一貫性を与えることが前提となる、ということです。そういう一貫性は無意識という概念への私の取り組み方の中にもすでに認められます。無意識、これを私が分析家の現前《プレザンス》と切り離すことができなかったことを、みなさんは覚えておられると思います。

分析家の現前、これは実に素晴らしい言い方です。分析家の現前を、この題で出版されたある本の中で行われているように、お涙頂戴の説教や、泣きはらした目や、少々べたべたした優しさなどに還元してしまうと、間違いを犯すことになります。

分析家の現前はそれ自体が無意識の一つの現れですから、分析家の現前がいろいろな場合に今日のように無意識の拒否として現れるときには——実際それは、ある人たちが述べている考えにはっきり認められる傾向です——、そのこと自体が無意識という概念の中に矛盾なく組み込まれなくてはなりません。このように言うと、みなさんは、私がかつて強調した定式化のことをすぐに思い浮かべることでしょう。つまり、再び閉じるためにしか開かない主体の動きについての定式化です。この動きは何らかの時間的拍動として現れます。この拍動を私は、シニフィアンへの挿入よりも、もっと根元的なものとして指摘しました。しかし、シニフィアンはこの拍動をおそらく動機づけてはいますが、本質的な水準では——というのは、私は本質について話すように要請されていますから——この拍動がシニフィアンへの挿入よりも原初的なものだというわけではありません。

産婆術的、争論術的な仕方で、私は、無意識の中に主体に対するパロールの諸効果を見るべきだと指摘しました。これらの効果は徹底的に原初的なもので、これらの効果こそが、主体の境位を主体として決定づけているからです。これが、フロイトの無意識をしかるべき場所に据え直すことを目指す私の提案です。たしかにフロイト以前にも、無意識はずっと現前し、実在し、作用していました。しかしフロイト以前に行われていた無意識の機能の受け入れはフロイトの無意識とはまったく関係がない、ということを強調しておくことはきわめて重要です。

原初的なものとしての無意識、蒼古的な機能としての無意識、まだ現れる前の、存在の水準へともたらされるべき思考の覆われた現前としての無意識、エドゥアルト・フォン・ハルトマンの形而上学的無意識——フロイトはたしかに「内輪の ad hominem」話の中でこれに言及していますが(1)——、とりわけ本能としての無意識、こういうものはすべてフロイトの無意識とは関係ありません。分析の用語や、その屈曲や屈折がどうであれ、これらすべては我われの分析経験とは関係ありません。ここで私は分析家のみなさんに質問したいと思います。「みなさんは今までにたった一度でも本能の粘土をこねたという感じを持ったことがありますか」、と。

私はローマの講演において、フロイトの発見の意味への新たな同盟を打ち立てることに手を染めました。主体はシニフィアンの諸効果によって構成されているという意味において、無意識とは、パロールが主体に及ぼす諸効果の総和です。このことは次のことをよく表しています。つまり、我われが主体という言葉によって指し示しているのは、主観的な現象に不可欠な生き生きとした基体でもなく、いかなる実体でもなく、感情における認識——それが二次的であれ一次的であれ——の存在でもなく、また、どこかで受肉化するロゴスといったものでもなく、疑いが確信となるその瞬間に現れるデカルト的な主体のことだ——だからこそ私ははじめに主体という言葉に注意を喚起したのですが――ということです。もっとも、我われの接近においてはこの主体の基盤はデカルトの主体の基盤よりもはるかに広いものの、つかみ損なった確信という点ではるかに従属的であることは別にしてです。そこにこそ無意識の無意識たる所以《ゆえん》があるのです。

この無意識という領野とそれが暴かれた時期、すなわちフロイトの時期との間には、ある繋がりがあります。私がお話ししているのはまさにこの繋がりのことです。私はこの繋がりをニュートン、アインシュタイン、プランクなどの歩み、つまり脱コスモロジー的な歩みに並ぶものとしてお話ししているのです。私がそう考えるのは、これらの領野はすべて、太古の昔からいわば神へと帰せられてきた認識に対して新たな畝を現実的なものの中に印したという特徴を持っている、という意味においてです。

ただ、これらの領野とフロイトの領野との間にはある違いがあるのですが、その違いこそが逆説的なことにフロイトの領野から得られるもっとも確実な糧を保証しているのです。その違いとは、フロイトの領野はその本性上消え失せる領野だということです。それだからこそ分析家の現前が、その喪失の証人としてどうしても必要なのです。

この次元においては、我われはそれ以上何も引き出すことはできません。なぜなら、それはただまったくの喪失であって、拍動の機能の中でもう一度捕らえられでもしなければ、そこから何も引き出されはしないからです。この喪失は必然的に影の帯域で起こります。この影の帯域は、私がそれによって無意識、反復、転移それぞれに関する線状に展開するいくつかの定式を分割する斜めの線によって示されます。この喪失の帯域は分析実践のこれらの事実に関して、蒙昧主義をある意味で強化するところがあります。蒙昧主義こそいわゆる情報時代と言われる我われの時代の人間の条件としてきわめて特徴的なものです。はっきり根拠があって言っているわけではありませんが、必ず将来恐るべき蒙昧主義が現れてくるものと私は考えています。「アメリカ流の生き方 American way of life」と自ら称するスタイルの普及の中で精神分析が果たした役割こそ、まさに私が蒙昧主義という言葉で示しているものです。なぜなら、こうしたスタイルでの精神分析はすでに昔から精神分析の領野の中で反論されてきた諸概念、たとえば自我の諸機能の優位といった概念の焼き直しだからです。

その理由で、分析家の現前は、彼のディスクールの空しさが現れるまさにそういう局面によってこそ、無意識の概念の中に含まれるべきものとなるのです。今日の分析家たち、つまり我われは、分析家の現前というこの鉱滓《こうさい》を、我われの操作において、無意識の発見の「死せる首〔価値なき残物、厄介もの〕caput mortuum」として理解しなくてはなりません。この鉱滓こそが、分析の内部で、分析の存続そのものに必須の葛藤的ポジションの維持を正当化しているのです。

精神分析は、精神という標題のもとに置くことのできるすべてのものに関する根源的な葛藤、根源における最初のドラマに立脚しているということが本当であるとしても、私が示唆した刷新、つまり「分析経験の中へのパロールとランガージュの場と機能の召喚」と名づけられた刷新は、無意識についてすべてを言い尽くすことのできる立場を主張するものではありません。というのは、この刷新そのものが葛藤への一つの介入だからです。この召喚が直接の射程を持つのは、この召喚自身が転移的出来事を引き起こすからです。このことは、私のセミネールがその聴衆に対して正統精神分析協会からは危険と見なされるような機能を果たしている、つまり転移を介して介入している、と非難されたという事実によっても裏づけられます。私としてもそのことを認めます。むしろ、それはフロイトの発見との同盟の刷新を構成するうえで根源に関わるものと思われます。そのことが示しているのは、無意識の原因は――お解りのように、ここではこの原因という語はその両義性において、つまり無意識の根拠となっている原因と無意識の水準における原因としての機能という二重の意味において捉えなければなりません――本来一つの失われた原因として捉えられなければならない、ということです。それがこの原因を獲得する唯一のチャンスなのです。

それだからこそ私は反復というこの誤解の多い概念の中で、つねにすれ違う出会い、逃したチャンスという隠れた力を浮き彫りにしたのです。失敗という機能が分析における反復の中心にあります。出会いの約束はいつもすれ違いに終わります。そのことが、「テュケー」との関わりにおいて、反復の空しさを、そしてその構成的隠蔽をもたらすのです。

反復の概念は我われをあるディレンマへと突き当たらせます。つまり分析経験の報告すべてが備えている不調和という争論術的な特徴に分析家として関与していることを我われはただ単純に受け入れるのか、あるいはこの反復という概念を、原因についての超越論的分析によって初めて客観化可能となるものの水準において磨き上げるのか、というディレンマです。

原因についてのこの超越論的な分析は、「原因がなければ結果も消える ablata causa tollitur effectus」という古典的な定式を出発点として形成されることになるでしょう。ちなみにここでは、帰結節を「tolluntur effectus」と複数形にして、「ablata causa」という条件節は単数であることを強調しておくだけでいいでしょう。これは「諸効果は原因が不在のときにしかうまくいかない」という意味になります。すべての効果は、踊りの中に入ってくることを求める超事実的、超因果的秩序の圧力に屈するようにされているのです。しかし、もし諸効果がちょうど歌でうたわれているようにそれぞれしっかりと手を結んでいたとすれば、諸効果は彼らのロンドに原因が関わってくることを邪魔することでしょう。

この点においてこそ、無意識的原因を存在者としてでもなく、「有ることのないもの（ウーク・オン οὔχ ὄν）」、つまり非存在者としてでもなく――アンリ・エイは可能性としての非存在者と定義していたと思いますが――定義しておかなければならないでしょう。無意識的原因は存在に、いまだ到来していないにもかかわらず一つの存在者をもたらす禁止の「有るべきでないもの（メー・オン μὴ ὄν）」なのです。そしてまた、無意識的原因は、確信の基礎となる不可能なものという一つの機能なのです。

こうして我われは転移の機能へと導かれます。というのも、決して規定性へと接近できない無意識という純粋存在のこの規定不能性、つまり主体の無規定性によって構成される無意識のこのような一次的位置、このような位置にこそ、転移は謎めいた仕方で我われを近づけてくれるのですから。これはゴルディアスの結び目であり、このことによって我われは、主体は自らの確信を得ようとしているのだということへと導かれます。もっとも、無意識に関する分析家自身の確信は転移の概念から引き出されるわけではありません。

3

それにしても、分析において転移について述べられた考え方に多様性、複数性、さらには多価性が示されるということは驚くべきことです。私はみなさんに膨大な文献を漁りなさいと言うつもりはありません。ある研究を選んでみなさんを案内しようと思います。

フロイトのテクストや教育に転移が現れる際にはあるズレが我われを待ち受けていま

すが、フロイトを責めるわけにはいきません。つまり、転移概念の中に反復の概念そのものしか見えないというズレです。フロイトは転移の概念を提示するときに「想起されえないものが行動の中で反復される」と言っていることを忘れないでください。この行動とは、分析家の再構築に委ねられることによってその行動が何を反復しているのかが露わになるものです。

外傷の不透明性は、フロイトの考えにおいては、創始的な機能、つまり我われが言うところの意味作用の抵抗の中に維持されていますので、この不透明性のためにこそ想起に限界があるのだ、と考えたくなるかもしれません。そして要するに我われは、我われ自身の理論化において次のように考えて安心してしまうかもしれません。つまり、想起の限界にこそ主体から〈他者〉、すなわち我われが大文字の〈他者〉と呼ぶもの、パロールの場所、潜在的に真理の場所への権限の委譲というひじょうに意味深い契機があるのだ、と。

この契機こそが転移という概念の現れてくる点でしょうか。転移という概念は一見そう見えますから、それでしばしば満足してしまいます。しかしもっとよく見てみましょう。フロイトにおいてはこの契機はたんに、無意識が閉じる契機として、すなわち無意識の言表内容のある点で無意識を消してしまう時間的拍動として私が示したものに対応する限界の契機というだけではありません。転移の機能を持ち出したときフロイトはこの契機を我われが転移と呼ぶものの原因として入念に指摘しています。〈他者〉は、潜在的であろうとなかろうと、ずっと以前から、主体への啓示という形で現前しています。〈他者〉は、なにものかが無意識から現れはじめたときにはすでにそこにあるのです。

分析家の解釈は、無意識が――この無意識が私が言ったようなもの、つまりシニフィアンの働きであるなら――夢や言い間違いや機知や症状といったその形成物という形ですでに行ってきた無意識自身の解釈をただ辿っているにすぎません。〈他者〉、つまり大文字の〈他者〉は、無意識が開くときにはいつも、その開けがいかにつかの間のものであろうとも、すでにそこにあるのです。

フロイトが初期から我われに示していることは、転移というものは本質的に抵抗性のもの、つまり「転移抵抗Übertragungswiderstand」であるということです。転移はそれによって無意識からのコミュニケーションが途絶え、無意識がまた閉じてしまう手段なのです。無意識への権限の委譲であるどころか、転移は反対に無意識の閉鎖なのです。

このことは、ひじょうにしばしば表明されるパラドックス――これはフロイトのテクストそのものの中にも見出されますが――を指摘するのに必要不可欠なことです。つまり、分析家が解釈を与えはじめるには転移を待たねばならない、ということです。

私はこの問題を強調しておきたいと思います。というのも、この問題が転移をどう捉えるか、その良い方法と悪い方法を分かつ分水嶺だからです。

実際の分析場面で転移をどう捉えるか、それにはさまざまな方法があります。それらさまざまな方法が必ずしも相互に退け合うわけではありません。それらの方法はそれぞれ異なった水準において定義できます。たとえばこれこれの審級、つまりフロイトの「局所論」の第二の時期において自我理想や超自我として定められた審級と主体との関係についての考え方が部分的なものであるならば、それはしばしば本質的に大文字の〈他者〉との関係であるようなものについての一面的見方を与えることにしかなりません。

しかし、消し去ることのできない別のずれた考え方もあります。つまり、ある考え方がなされると、実践を汚染せずにはいないような考え方があるのです。主体の自我の健康な部分との同盟関係に基礎を置いて転移の分析を進めるべしとか、分析とは主体の良識に訴えかけ分析家との関係の内部での彼のこれこれの行動の幻のごとき性質を主体に気づかせるものたるべし、とする考え方です。これこそまさに、問題となっていること、つまり主体のこの分裂の現前化、ここでは現前において実際に実現されている現前化、を覆してしまうような主張です。主体の健康な部分に訴えかけるという場合、主体がそこでは現実的なもののうちにあり、分析家とともに転移において何が生じているかを判断することとさえできるとされているのでしょうが、しかしこうしたやり方は、転移に関わっているのはまさにこの健康な部分であるということ、ドア、あるいは窓、あるいは鎧戸、何と呼んでもいいのですがそういうものを閉じてしまうのがその健康な部分であるということを無視してしまうことです。つまり、話しかけたいと思う美女がその後ろにいて彼女はこの鎧戸を開けることだけを求めていることを無視してしまうことになります。だからこそ、解釈が決定的なものとなるのはこの転移という契機においてなのです。というのも、語りかけるべきはこの美女なのですから。

私はここでは、人が思い描いているようなモデルに比して、このシェーマが無意識の権限を取り戻させてくれるということのみを指摘することにしましょう。私はどこかで「無意識は〈他者〉のディスクールである」と言いました。ところで実現すべきであるところの〈他者〉のディスクール、すなわち無意識のディスクールは、今言った閉鎖の向こう側にあるのではありません。「外側」にあるのです。分析家の口を介して鎧戸をまた開くように訴えかけるのはまさに外にいる〈他者〉のディスクールなのです。

それでもやはり、解釈がその影響力を発揮する最初の契機をこの閉鎖の中に指摘することにはパラドックスがあります。そしてここで、転移の機能を理解するにふさわしい方法に関して分析に内在し、いつも問題になる概念上の危機が露わになるのです。

転移の機能の矛盾、この矛盾こそが、転移は無意識にとっては閉鎖の契機であるというまさにその点において、転移を解釈による影響の着弾点として捉えさせてくれます。このことこそ我われが転移を、それがそれであるところのもの、つまり結び目として扱う必要を生じさせることなのです。我われが転移をゴルディアスの結び目として扱うのか扱わないのか、それはそのうち解るでしょう。いずれにせよ転移は結び目であり、そして結び目であるがゆえに、我われは転移についてトポロジーを援用して考えざるをえないのです。それが、私がここ何年来してきたことです。トポロジーを援用するなど余計なことだ、などと思わないでください。

4

分析はある危機に直面しています。何らかの偏見のために私がそのように主張しているのではないことを示すために、出たばかりのある論文を選びました。その論文はなかなか優れたものですが、この危機を実に見事に示しています。それは、トーマス・S・サズによる綿密でとても魅力的な論文です。サズはシラクサのことを語っていますが、残念ながら、だからといって彼とアルキメデスの間に何か関係があるわけではありません。というのは、このシラクサはニューヨーク州のシラクサ(シラキュース)のことだからです。この論文は、『国際精神分析誌 International Journal of Psychoanalysis』の最新号に出ています。

この論文は、彼の今までの論文を導いてきた探求の線上にある一つの考えがもとになっています。つまり、分析の道の真正さについての実に感動的な探求です。

この筆者、しかもまさにそのグループの中でもっとも尊敬されている筆者が、転移を分析家の防衛と見なし、次のような結論に至ったのは実に驚くべきことです。その結論とは、「転移は精神分析治療の構造全体に関わる要である」というものです。彼はこの概念を「inspired」と形容しています。私はいつも、英語の語彙のうち、フランス語と綴りは同じでありながら、意味の違うものに用心しているのですが、この言葉の訳についてもよく考えてみました。この「inspired」は、フランス語の「インスピレーションに富んだ inspiré」という意味ではなく、何か、「内輪の都合の良い officieux」といったことを意味しているように思われます。そこで続けて引用してみますと、「それは、不可欠であると同時に内輪の都合の良い概念であるが、転移自体の破壊のみならず、精神分析そのものの破壊の芽を宿すもの——harbour——となっている」。なぜでしょうか。「なぜなら、転移は、分析家その人を、彼が患者たちや、同僚や彼自身から得ることのできるような現実吟味の彼方に置いてしまうからである。この危険は——this hazard——、率直に——frankly——認識されなくてはならない。職業意識の高揚も、規範の強化も、徹底鍛錬に至る教育分析も——coerced training analysis——この危険から我われを守ることはできない」。そしてここのところで混乱が生じます。「ただ、分析家と分析状況の統合のみが、分析家と被分析者の間の唯一の対話——the unique dialogue——が消えてしまうのを防ぐことができる」。

彼の論がなぜ必然的にこのような袋小路へと至ってしまったかというと、それは彼が、転移の分析をすることができるのは、ただ自我の健康な部分、つまり現実を判断し錯覚を切り捨てることのできる自我の部分から同意を得ることに基づいてのみである、と考えていたからです。

彼の論文は次のように論理的に始まることになります。「転移は、誤りや錯覚や幻想といった概念と似ている」。いったんこうして転移が現れたなら、被分析者と分析家との間の同意の問題だというわけです。ただしその際、分析家は抗弁も上告も許さない審判者なのですから、転移の分析とは管制されることのないまったく一か八かの領域であると言わなくてはならないでしょう。

私はこの論文をただ、極端ではあるが論証的な例として取り上げました。しかしこうして取り上げてみると、ある別の次元を作用させるもう一つの規定をここで問い直すことが必要となります。その次元とは真理という次元です。真理は、パロールはたとえそれが嘘であっても真理に呼びかけ、真理を引き起こすという事実にのみ依拠しています。この次元はサズによる転移の概念の分析を支配している論理実証主義にはつねに欠けているものです。

私の無意識的力動の概念について、私がシニフィアンの機能を前面に置いているからという理由で、あれは知性化であると言う人がいます。しかし、サズのような操作の仕方においてこそ、つまり転移の現象が帯びている錯覚的な要素と現実との対決からすべてが明らかになるという考え方にこそ、いわゆる知性化があるのではないでしょうか。

二つの主体が双数的位置関係にあると考えたり、行動がだんだんと蓄積して固まってきてそれが客観性になるなどと考えるのではなく、あらゆる可能な欺瞞の領域を生じさせなくてはなりません。無意識が露わにすることについて我われが行うあらゆる考察に必要な出発点として、デカルト的確信の主体を導入したとき、私はデカルトにおいて重要な天秤棒の役割をしているものを指摘しました。つまり決して騙すことのない神のことですが、それは結局〈他者〉であるということになります。ところが分析においては、その〈他者〉が騙される恐れがあるという点が問題です。しかし、転移において捉えておかなくてはならない次元はそれだけではありません。それだけではなくて、もしディスクールにおいて欺瞞がどこかで成功するそういう領域があるとすれば、それはたしかに愛がそのモデルになるだろう、ということを認めなくてはなりません。自分が間違っていることについてそれでいいと安心するためには、自分の主張していることが真理であると他人を説得することほど良い方法はありません。転移が我われにはっきりと見せてくれるのは、愛の次元の基礎的構造ではないでしょうか。あなたは私を補完することのできるものを持っています、と他者を説得する際に、我われはまさに自分に欠けているものを無視しつづけることができると確信するのです。ある特定の瞬間に愛の次元を生じさせるものとしての欺瞞の回路、これが次回、愛のトリック(2)を示すための範例的な扉として役立つでしょう。

しかし、みなさんにお話ししなくてはならないことは、それですべてではありません。というのは、転移によってもたらされる閉鎖を決定的に生じさせるのは、そのようなことではないからです。転移を生じさせるものであり、また、我われの行う転移概念の検討のもう一つの面となるであろうもの、それは、左の部分、留保されている影の部分に書き込まれている疑問符とも関係があるのですが、私が対象aと呼んでいるものです。

質疑応答

F・ヴァール――あなたがこの前半の講義でおっしゃってきたことは、現存する諸理論の体系の中ではどんな認識理論と結びつけることができるでしょうか。

フロイトの領野の新しさは、基本的に新しいものとして捉えられるものを経験の中に示したことである、と私は言っているのですから、あなたがプロティノスにモデルを見出すことができなかったからといって驚くにはあたりません。

というのは、無意識の存在論という主題についてのミレールの最初の質問には同意しないと申しましたが、それでもいくつかのごくごく簡潔な言及によって、私は絡み合った綱の小さな一端を緩めました。私は、「有るもの(オン ὄν)」について、また「……(で)無い(ウーク οὐκ ὄν)」について語りました。(3)「有るもの(オン ὄν」)ということで、私はまさしくアンリ・エイが無意識について与えた定式に言及しました。彼の定式は、無意識の問題を考察するのにもっとも有効であるとは言えませんが、それでもともかくその定式によって彼の意識の理論のどこかに無意識を位置づけることができました。私は、「有るべきでないもの(メー・オン μὴ ὄν)」について、つまり禁じられたもの、無いと言われるものについて語りました。(4)そういったことは形而上学固有の標識としてはそれほどの射程を持つものではありませんし、私は自身に課した境界をそこで越えているとは思いません。しかし、いずれにせよこの私の指摘によってあなたが問題とした点をまったく伝達可能な仕方で構造化することができます。つまり、無意識には一つの知があるが、その知は決して仕上がって完結した知と考えるべきものではない、ということです。「有るもの（オン ὄν）」「有ることのないもの（ウーク・オン οὐχ ὄν）」「有るべきでないもの（メー・オン μὴ ὄν）」、このたぐいの定式化を無意識に与えることは、なお、無意識を実詞化しすぎていることになります。そういうわけで、私は慎重にそのような定式化を避けてきました。向こう側にあるもの、さきほど鎧戸の背後の美女と呼んだところのもの、それが問題なのですが、今日はそのことに触れませんでした。主体の中のなにものかが、どのようにして背後から磁化され、高度の解離、分裂になるほどに磁化されるのかをはっきりさせなくてはなりません。その点こそ、我われがそこにゴルディアスの結び目を見なければならない鍵となる点です。

P・コフマン——あなたが鉱滓とおっしゃったことと、残滓として以前に話されたこととはどのような関係があるのですか。

残滓はつねに人間の運命においては実り豊かなものです。鉱滓は火の消えた残滓です。ここでは、鉱滓という言葉は、まったく否定的意味で使われています。この鉱滓という言葉で言い表そうとしていることは、分析家が逃げ出すしかないような領野に置かれている程度に応じて心理学的な認識理論の平面で生み出される真の退行です。そこで、分析家は整形外科的・順応主義的な治療方向で行われる理論に保証を求め、「幸福 happiness」というきわめて神話的な概念へと患者が近づけるよう取り計らうことになります。我われの時代を彩っているのは、何の批判もなしに進化論を用いるという風潮です。ここでの鉱滓とは、ほかならぬ分析家たち、彼ら自身のことです。一方、無意識の発見はいまだ日の浅い出来事であり、前例のない転覆の出来事なのです。

一九六四年四月一五日

訳註

（1）「日常生活の精神病理学に向けて」高田珠樹訳、『フロイト全集7』岩波書店。

（2）原語 tour には「トリック」という意味と「一巡」という意味がある。本書XIII課の訳註（5）も参照のこと。

（3）「オン ὄν」とは英語では being、「ウーク οὐχ」は not、後に出てくる「メー μή」も not だが若干の違いがある。「ウー οὐ」または「ウーク οὐχ」を使うときは、「（事実として）……でない」というニュアンスだが、「メー μή」を使うときは仮定の話、あるいは主観的に否定するニュアンスがある。ギリシア哲学で「有るべきでないもの」が一つの用語として語られるときには、「ウーク・オン οὐχ ὄν」よりむしろ「メー・オン μὴ ὄν」が用いられる傾向が強い。なお、「ウー οὐ」と「ウーク οὐχ」については、純粋に発音の便宜の問題であって、後に母音が続く場合は「ウー οὐ」ではなく「ウーク οὐχ」を用いる。

（4）ソクラテス以前の哲学者のパルメニデスは、「有るべきでないもの」を語りえないもの、したがって、探求してはならないもの、と述べている。

XI　分析と真理、あるいは無意識の閉鎖

本当のことを言うこと、嘘をつくこと、間違えること
「私は嘘をつく」と「私は考える〔我思う〕」
ホモンクルス、あるいは$
心理学の有効性
錯覚とその修正
転移は無意識の現実を現勢化することである

前回、私は転移の概念を導入しました。その転移の概念が分析家に強いる困難さを根拠に、私はこの導入を問題含みのやり方で行いました。精神分析のもっとも公的な機関誌、『国際精神分析誌 International Journal of Psychoanalysis』に発表された最新論文を偶然読んだことがきっかけです。その論文は転移という概念を分析において使うことすら問題にしています。この論文の読解を続けましょう。

この筆者によれば、分析家とは分析状況の現実に対して、すなわちそこに居合わせる二人の現実的主体に対して生じる、多少とも明らかな不調和の効果を患者に指摘する者と見なされます。

1

まず不調和の効果が明らかないくつかの例が引用されています。読者を楽しませることに巧みな老練なスピッツのユーモラスな筆致で、その効果が説明されているのを見ることができます。彼は一人の女性患者を例に挙げます。この患者は、転移の夢と呼ばれる夢――つまり分析家、この場合にはスピッツとの愛の実現の夢です――の中で、彼がブロンドでしかもふさふさした髪を持っていると思っています。スピッツの例の禿げ頭を見たことのある人すべてにとって、これは、この分析家が患者に無意識の効果がどれほど歪みを生じさせたかを示す、うってつけの例と思われることでしょう。

一方、患者のある行動が分析家に従わないとされるとき、サズが言うには「二つに一つ」、つまり、「患者は同意しているのか、あるいは患者が同意していないかだが、後者の場合、分析家はつねに正しいという原則的立場以外、いったい何がこれに決着をつけられようか」ということです。これによって我われはサズが「分析家の無謬性」と呼ぶところの、神話的であると同時に分析家を理想化する極へと投げ返されます。それは、真理の次元の呼び戻しというより他に、いったいどんな意味があるというのでしょう。

そして、私としては筆者自身がこの論文を据えている観点においてしかこの論文を位置づけることはできません。というのは、筆者はこの論文を決して発見に役立つものではなく、争論術的な価値を持つものと見なし、袋小路に陥っている考察の中で、分析家の機能には良心の真の危機がある、と表明しているからです。この良心の危機ということは、我われには間接的な仕方でしか関係することはありません。というのも、すでに述べたように、転移の分析実践をある一面的な仕方で理論化することは必然的に良心の危機へと至るであろうからです。それは我われがずっと以前から告発してきた傾向です。

問題をあるべき場所に位置づけ直させてくれる、ほとんど現象学的な所与へと立ち返るために、前回の講義で、分析において打ち立てられる両者の関係の中では、ある次元が避けられている、ということを指摘しました。

この関係が決して相互的でも対称的でもない平面において打ち立てられていることは

明らかです。このことをサズは認めていますが、不当にもこのことを嘆いています。彼は、この二人の関係においては、一方が少なくとも他方よりはよく知っていると想定される真理の探求がなされる、と考えているからです。患者の側に、分析家が間違えることがあってはならないというだけでなく、誰かに騙されることもありうる、という考えがただちに浮かびます。この「間違える」ということは同時に患者の方に投げ返されます。このことは、たんに患者が静的な仕方で欠如や過ちの中にある、ということではなくて、動的な仕方で、患者自身のディスクールの中で、「間違える」次元に本質的に位置づけられている、ということです。

もう一人の分析家においても同様のことが認められます。ナンバーグのことです。彼は一九二六年『国際精神分析誌』に「回復の意志 The Will of Recovery」と題する論文を書いています。「回復 recovery」というのは正確には治癒のことではありません。修復あるいは回帰のことです。この語はうまく選ばれていますが、注目すべき問題を提起しています。いったい何が患者を結局のところ分析家のもとへと駆り立て、患者が健康と呼ぶなにものかを分析家に要求させることになるのでしょうか。なにしろ、理論によれば、患者の症状は患者に何らかの満足をもたらすことになっているのですから。

ナンバーグはいささかユーモラスな例をたくさん挙げて、苦もなく次のように述べています。つまり、それほど分析を進めなくても、健康や均衡を求めるように患者を駆り立てたものは、まさにもっとも手近にある無意識の狙いであることが時にはっきりと解る、というわけです。しかし、たとえば患者が性的機能に何らかの支障を来したり、不倫の欲望に駆られたりしたときに、家庭生活の平和を回復させるために分析に頼ることが患者にとっていったいどんな避難所を提供するというのでしょうか。家庭の団欒から自身の存在を一時的に遠ざける形で、はじめから患者は、分析の第一の目的としてここで示されているものとは反対のことを望んでいるのは明らかです。つまりこの場合、彼が望んでいるのは家庭生活の修復ではなくて、その破綻なのです。

結局、分析の契約という行為そのものにおいて、そしてまた分析の初期の歩みにおいて、我われが最大限直面しているのは患者の主張すべての深い両義性です。なにしろ患者の主張はすべてそれ自体両義性を持っていますから。真理の次元が打ち立てられるのを我われが見るのは、まずはじめにある種の嘘という形で、そして嘘を介してすら打ち立てられているものとしてなのです。厳密にいえば、嘘の中でも真理の次元は揺らぐわけではありません。というのは、嘘そのものがそれ自体真理の次元の中で自らを示すからです。

2

なぜ、主体のシニフィアンに対する関係が、分析理論の全面的修正の中で我われがもっとも前景に置こうとする指標であったのか、その理由をみなさんはすでに把握していると思います。この指標こそが、分析経験の成立においても、また無意識の根本的な機能においても第一義的であり、構造を決定しているものだからです。

こう考えることはおそらく、教育的な影響という点では、無意識をそのきわめて狭い綱領とでも呼べるものに限定することになるのでしょう。しかし、この分岐点との関係においてこそ、我われは、いかなる実体化という間違いも犯さずにすむのです。

我われのグラフの四つの隅を持つ図で考えてみましょう。この図は言表行為《エノンシアシオン》の次元を言表内容《エノンセ》の次元から意識的に分けています。「私は嘘をつく」という言表内容に論理的な矛盾を見ることとで、論理学者の過剰に形式的な思考が導入している馬鹿馬鹿しいもの、それによって、グラフを使用することの意味が明らかになります。「私は嘘をつく」という言表内容に矛盾などまったくないことは誰もが知っています。「私は嘘をつく」と言われて、「君が「私は嘘をつく」と言うとき、君は真理を語っているのだから、嘘をついてはいない」と答えるとすれば、それは間違いです。「私は嘘

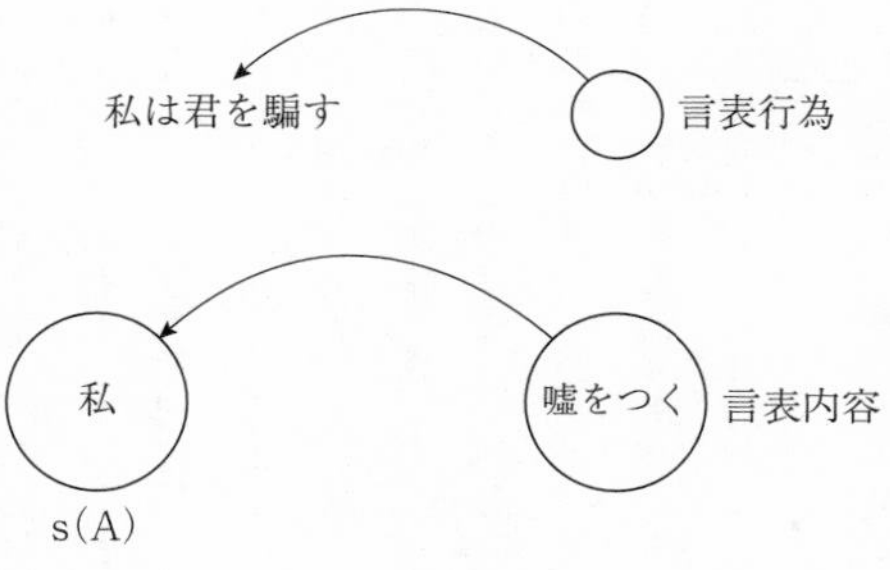

をつく」という言表内容はそのパラドックスにもかかわらず完全に有効であることはまったく明らかです。というのは、この言表している「私 je」、すなわち言表行為の「私」は、言表内容の「私」、すなわち言表内容という形でそれを指し示している転換子と同じものではないからです。ですから、私が言表するその瞬間から、「私」が――この場合、言表内容を語っている「私」のことですが――今現に嘘をついていることも、少し前に嘘をついたということも、後で嘘をつくことも、あるいは「嘘をつく」と言って騙す意図をもっていると主張することも、私にとっては可能です。こうした例は　それほど遠くまで捜さなくても見つけることができます。それはユ

ダヤの小話ですが、その話に出てくる二人のうちの一人が自分がこれから乗ろうとする列車のことを話します。「私はこれからレンベルクへ行く」と。するともう一人が答えます。「おまえは本当にレンベルクに行くのにレンベルクへ行くなどとどうして言うのだ。そんなことを言うのは、私にクラコヴィーに行くと思わせたいからだな」。

言表内容と言表行為のこの分割のために次のようなことが起こります。つまり言表内容の連鎖の水準に属する「私は嘘をつく」から結果するもの——「嘘をつく」は〈他者〉の中で語彙の宝庫の一部をなす一つのシニフィアンであり、そこで「私」は遡及的に決定され、言表内容の水準で生み出されるシニフィカシオンに、すなわち言表行為の水準で「私」が生み出すもののシニフィカシオンになりますから——、それは、「私は君を騙す」ということです。この「私は君を騙す」は、分析家がそこで患者を待ち受けている点に由来します。分析家はそこから患者自身のメッセージをその本当のシニフィカシオンにおいて、つまり定式に従って逆転した形で、患者に返すのです。分析家は患者にこう言います。「この「私は君を騙す」という形で君がメッセージとして送っていること、それは、私が君に言っていることです。そうすることによって君は真理を語っているのです」。

患者が危険を冒して進んでいるこの騙すという道において、分析家はこの「君は真理を語っている」を表明する位置にいます。我われの解釈はこの次元においてしか決して意味を持ちません。

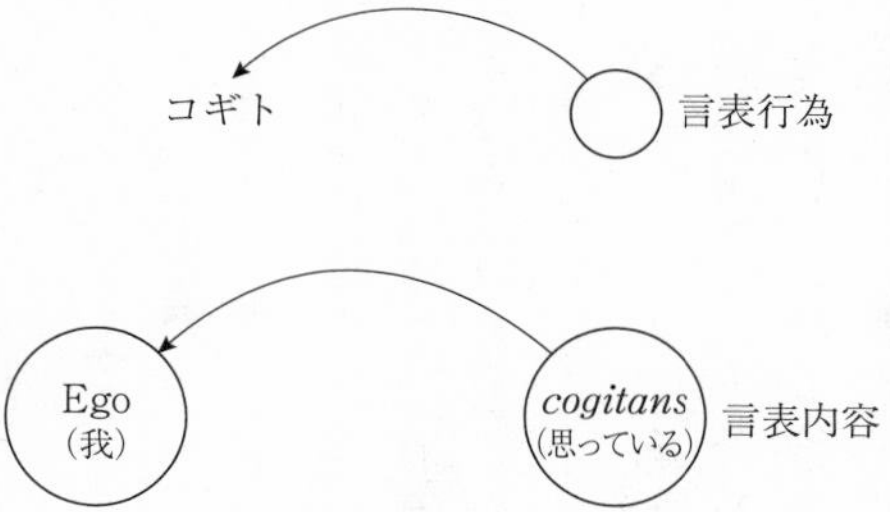

フロイトの基本的な歩み――そこにこそ、無意識の発見の可能性の起源があると私は思っているのですが――を把握するために、どのような方法をこの図が提供してくれるかを示しましょう。なにしろ無意識はもっとも原始的な人間の間の諸様式の次元としてずっと昔から、タレスの時代からたしかにそこにあったものですから。

デカルトの「我思う」をこの図と関係づけてみましょう。たしかに言表行為と言表内容の区別はつねにずれる可能性がありますし、また場合によっては躓きの点でもあります。実際、「コギト」によってなにものかが成立するとすれば、それは延長するものとの対置から引き出された思考の領域です。つまり、この思考という領域は脆い境位です。しかしシニフィアンの構成という次元ではそれで十分な境位です。「コギト」にその確信を与えるのは言表行為の水準にその場を得ることである、とまずは言っておきましょう。しかし、「我思う」という境位もさきほどの「私は嘘をつく」という境位と同様、縮小されたもの、最小のもの、点状のものです。そのうえそれも「それは何も意味しない」という含意を帯びていることさえありましょう。

この「我思う」は、自身の意味作用も含めてすべての意味作用に関する絶対的な懐疑によってしか保証されない点状のものにまで縮小され、「私は嘘をつく」について追及した境位よりもおそらくもっと脆い境位にあります。

ですから、デカルトの「我思う」は、その確信のための努力の中で、一種の流産という性質を帯びていると、私はあえて言うことになるでしょう。フロイトの無意識という新たに発見された次元が主体に与えた境位が、それと違うとすれば、その違いは欲望に由来します。欲望は「コギト」の水準に据えられるべきです。なにしろ言表行為すべてによって話されていることに活気を与えているもの、それはすべて欲望ですから。ついでに、私が定式化している欲望は、フロイトがもたらしたものに比べて、このことをより雄弁に語っているということがお解りでしょう。

デカルトの「コギト」の機能を早産児、あるいはホモンクルスという名で呼びましょう。「コギト」の機能は、思考と呼ばれるものの歴史の中でたえず繰り返された逆戻りによって説明されます。それは、この「コギト」の「我」をホモンクルスと考えることにあります。このホモンクルスは昔から人が心理学をしようとするたびに思い描かれてきたものです。つまり人の中にその人を統制している小さな人、山車《だし》の舵取り、今の言葉で言えば統合の点たる人がいるということで、心理学の空しさ、心理学上の不調和の辻褄を合わせようとするたびに思い描かれてきたものです。ところで、この小さな人間はソクラテス以前の思想によって、すでにその機能が否定されていたものなのです。

これに対し、我われの用語によれば、主体は棒線を引かれたSで表されることになります。それはシニフィアンに対し二次的なものとして構成された主体です。そのことを解りやすく説明するために、ものがもっとも単純な仕方で表されるのは一なる印においてである、ということを思い出してください。最初のシニフィアン、それは刻み目です。それによって、たとえば主体は動物を「一」頭殺したということが記されます。そうすることによって、のちにさらに一〇頭殺したときでも、記憶がゴチャゴチャにならずにすみます。どれがどれだったかを覚えている必要はありません。殺した動物を数える場合、この一なる印によって数えることになるのです。

主体もまた一なる印によって自らに目印をつけます。まず最初に、主体はシニフィアンの最初のものを入れ墨のように自身に刻印します。このシニフィアン、この一が設立されたとき、勘定は「ある一つの」一です。主体が自らをそれとして据えるべき水準は、特定の一という水準ではなくて、「ある一つの」一の水準、つまり勘定の水準です。いったいそもそも何によってこの二つの一は区別されるのでしょう。自身にこうして最初の分裂を刻印することによってです。この分裂によって、主体が最初にそれに対して主体として構成されることができたシーニュから主体自身が区別されます。ですから、Sの機能と対象aの像《イマージュ》を混同しないようにみなさんに注意を促しているのです。なぜなら、主体はこのようにしてこそ自らが二重化されるのを見るからです。つまり主体は、制御の一時的で不安定な反射像によって構成されたものとして自らを見る一方、自分が心に描いたものからのみ自分を人間として心に描くからです。

分析の実践において、シニフィアンとの関係ではなく、現実、それも我われを構成していると想定される現実との関係で主体に目印をつけるとすれば、それだけですでに主体の心理学的構成という堕落に舞い戻ることになります。

3

現実的なコンテクストと主体との関係を出発点とすることはすべて、心理学者の経験の中ではその存在理由をもつことがあります。それによってさまざまな結果や効果が生じるでしょうし、いろいろな表を作ることもできましょう。もちろん、そういうことになるのはつねに、現実を作るのが我われであるというコンテクストの中で、たとえば我われが作ったテストを患者に課すような場合でしょう。これが心理学と呼ばれているものの有効性の領野です。しかしこれは、我われが精神分析の経験を支えている水準とは何の関わりもありません。これは、いうなれば、患者の窮状をひどく強化するものです。

心理学的な「孤立体 isolat」と私が呼んだものは認識の中心として伝統的に確立された古い——あるいはいまだに若い——モナドのことではありません。というのは、たとえばライプニッツのモナドは決して孤立したものではなかったからです。モナドは認識の中心であり、宇宙論から切り離すことはできません。それは、宇宙の中で、そこから屈折にしたがって瞑想や調和と言われるものが遂行される中心です。ところが心理学的な「孤立体」という考え方は、自我という概念の中に認められるものです。自我は、一つの回り道にすぎないと思われる脱線によって、精神分析的思考の中で、現実との関係で苦境に陥っている主体と混同されています。

まず第一に次のことを指摘しておきたいと思います。つまり、操作をこのように理論化するやり方は、分析経験が他方で強調せざるをえないもの、そして分析のテクストから除外することのできないもの、すなわち内的対象の機能とまったく調和せず、大きな齟齬を来してしまうということです。

取り入れとか投影とかいう用語はつねに行きあたりばったりに使われています。しかし、そのような座りの悪い理論的コンテクストにおいてすら、あることが示され、そのあることがいたるところで前景に置かれています。すなわち、内的対象の機能です。この機能は、結局最後には良い対象と悪い対象とに極端に分極化されるに至りました。そして、ある人たちにとっては、主体の行動において、歪み、屈折、奇妙な恐れ、異物などを表すものすべてはこれを中心にして巡っている、ということになりました。これはまた操作上のポイントであり、このポイントに基づいて急を要する条件下では――たとえばパイロットや列車の運転手を養成する時のように、さまざまな程度に管理的で、制御的で、責任のある職務に誰を当てるのか選択する場合など——急速分析や瞬間分析、さらにはいわゆるいくつかの人格テストの使用という問題に集中的に焦点を絞ることが重要なことだと指摘する人たちも現れました。

我われとしては、この内的対象の境位とは何かという問いを立てないわけにはいきません。それは知覚の一対象でしょうか。我われは何を介してそれに近づくのでしょうか。それはどこから来るのでしょうか。この内的対象の修正の後には、転移の分析は何から成り立っているということになるのでしょうか。

一つのモデルを示しましょう。このモデルは、のちほどもっとずっと完成されたものにしなくてはならないものであって、まだ問題のあるものと思ってください。錯覚を修正する機能を中心に据えた諸々のシェーマは強い粘着力を持っていますから、少なくともそれを押しとどめる何かをいくら急いでみなさんに示しても決して急ぎすぎることはないでしょう。

無意識とは、開かれるやいなや時間的拍動にしたがって再び閉じるものだとするならば、そして他方、反復とは行動のたんなる常同症ではなくて、つねに欠如しているものとの関連での反復であるとしたら、みなさんすでにお解りのように、転移は——無意識

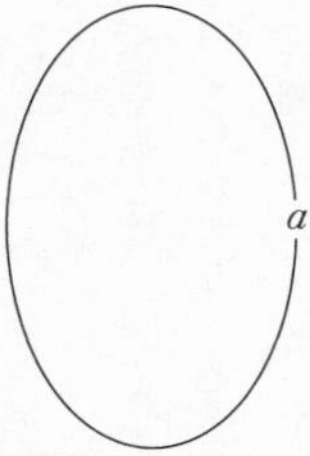

筌《うえ》のシェーマ

の中に隠されているものへの接近様式として示されているような転移は——それ自体不安定な道にすぎないことになるでしょう。もし転移がただ反復にすぎないとしたら、つねに同じ失敗の反復になってしまうでしょう。もし転移がこの反復を通して歴史の連続性を修復すると言うなら、それをするには本性上消された関係を再び出現させることによるほかはありません。したがって操作様式としての転移は、反復の効果とか、無意識の中に隠されているものの修復とか、さらには無意識のさまざまな要素の浄化《カタルシス》と混同してすますことのできるようなものではないことが解ります。

無意識を時間的拍動の中で現れるものとしてお話しすると、みなさんには、細めに口が開いて中で魚が捕まる「筌《うえ》」のイメージが湧くと思います。一方「ずだ袋」の図によれば、無意識とは内部に取っておかれ、再び閉じ込められたなにものかであり、そこへは外から侵入せざるをえません。だから私はこの伝統的な図式のトポロジーをひっくり返して、右のようなシェーマを示します。

みなさんはこのシェーマを、理想自我と自我理想に関する『ダニエル・ラガーシュの

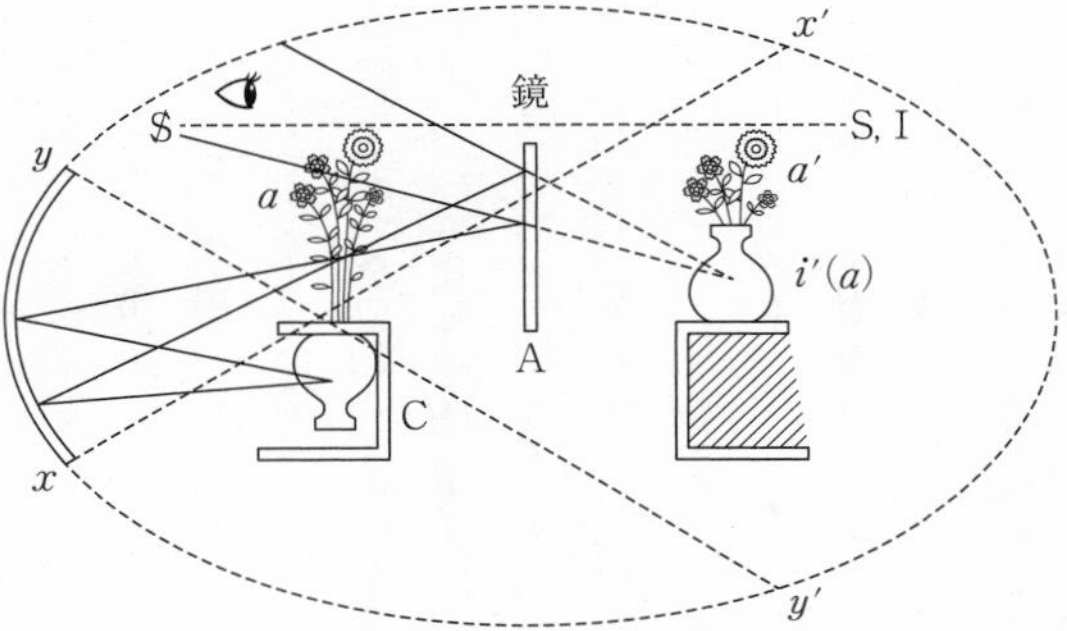

『ダニエル・ラガーシュの報告についての考察』の中で示された光学モデル

報告についての考察』という論文の中で私が示した光学モデルと重ね合わせてみるのがいいでしょう。この光学モデルにおいてみなさんは次のことを見るべきなのです。つまり、主体が自己を理想的なものとして構成し、自我理想ではなくて、自我、あるいは理想自我としてやってくるものにピントを合わせるのは、すなわち想像的な現実の中で自らを構成すべきなのは〈他者〉においてである、ということです。そして、このシェーマが明らかにしてくれるのは、視認の欲動をめぐって示した究極的諸要素に関して私が強調したように、主体(の姿)が見えている場所、つまりこの自我のシェーマの中に示されている自己身体のこの逆さの実像ができる場所は主体がそこから自らを眼差している場所ではないということです。

しかし、主体が見えるのは、〈他者〉の空間においてであることは確かですが、主体がそこから自らを眼差している点もまた、この空間の中にあるのです。そして、この点はまた、まさに主体がそこから話す点でもあります。というのは、主体は話すというかぎりで、この〈他者〉の場所においてこそ、真理を告げる嘘を構成しはじめるからです。無意識の水準で欲望という性質を帯びたものはそこから始まるのです。

したがって我われは、主体のことを、筌との関係で、とりわけ、その本質的構造を構成するその口との関係で、内部にあるものと考えなくてはなりません。重要なことは、福音書の言葉にあるように、決してそこへと入るものではなく、そこから出てくるものです。

我われは無意識が閉じることを、シャッターの役目をするなにものかの影響によって、つまり筌の口で吸われたり吸い上げられたりする対象 a の影響によって理解できます。似たようなイメージとして、中で籤の抽選の番号がかき回されている大きなボールを思い浮かべることもできます。この大きなルーレットの中で準備されたものが、自由連想によって最初に口に出されたものとして、対象が出口を塞いでいない合間にそこから出てきます。少々乱暴で幼稚なイメージですが、これによって、有る時には無い、無い時には有るという相互的な仕方で、象徴的なものの構成的機能を思い描くことができるでしょう。それは、分析的操作という実際の行為の中でまさに現前化されにやってくるものと主体との再会という主体の丁半遊びなのです。

このシェーマは、まったく不完全なものですが、しかし、ブルドーザーのようなシェーマであって、転移は想起に対する障害であると同時に無意識の閉鎖の現前化である――つまり、ちょうどよいときにいつもうまく出会うことがない――という考え方を折り合いのつくものにしてくれます。

分析家たちが転移の機能について与えた定式が、いかに多様で一致していないかを見てみることで、これらのことを示すこともできたかもしれません。転移と治療目的とは違うというのはまったくそのとおりです。転移はたんなる手段でもありません。分析の文献において定式化されているものの中にみられる二つの極論をここで位置づけることができます。たとえば転移と同一化とを一緒にしてしまうような定式がよく目につきます。ところが、同一化は分析の中断点、偽《にせ》の終結にすぎません。それなのに、ひじょうにしばしば分析の正規の終結と混同されています。同一化と転移の関係は密接ですが、まさにそれゆえにこそ、転移は分析されずに残ったのです。逆に、転移の機能とは現実に合わせる修正手段である、という定式もあります。私が今日お話ししていることはこれにはまったく逆行するものです。

これらの参照枠の中で転移を正しく位置づけることは不可能です。というのは、そこで問題とされているのは現実だからです。私が批判しようとしているのは、そういう現実の次元です。今日は、次回お話しすることの導入として一つの格言を示しておきましょう。転移とは錯覚の現勢化ではありません。そういうものは、たとえ理想的なモデルに向かってであったとしても、順応化という疎外的同一化へと我われを追い立てます。分析家は決してそのような理想的モデルの支えとはなりえません。そうではなくて、転移とは無意識の現実を現勢化することです。

このことをこれまで私は無意識の概念の中で未解決のままにしてきました。奇妙なのは、ますます忘れられているこのことこそを、私が今まで喚起してこなかったことです。今後、どうしてそうなったのかをみなさんに説明できたらと思います。無意識について私はこれまで、主体を構成する作用という効果に固執してきました。というのは、我われが主張しなくてはならないのはそのことだったからです。しかしフロイトによって、無意識の次元とまったく同質のものとして第一に強調されているもの、すなわち性《セクシュアリテ》(1)を忘れないようにしましょう。無意識と性的なものとのこの関係が何を意味するのかということがどんどん忘れられていったのは、フロイトが二次過程の水準に位置づけた現実とは何の関係もない現実の概念を分析が受け継いできたからだ、ということを我われはこれから見ることになるでしょう。

では、次回は、転移を無意識の現実の現勢化である、とすることから出発しましょう。

質疑応答

ロゾラート博士――このセミネールの間考えていたことをお話ししたいと思います。第一に、これはアナロジーですが、あなたのシェーマは奇妙にも目に似ています。小文字のaは水晶体の役割を果たしている、と言えるでしょうか。とすれば、この水晶体はどの程度まで白内障の舞台となることがあるのでしょうか。それともう一つ、このシェーマとの正確な関係において、自我理想と理想自我について、あなたが言いうることとはどういうことになるのか、お教え願いたいと思います。最後に、現勢化という言葉で、あなたはどのようなことを考えていらっしゃるのですか。

現勢化、これは今後重要になる言葉です。転移を無意識の現実の現勢化ということで定義することは、転移がアリバイの口実になってしまわないために、つまり、歪みと回り道に捕らわれた不完全な操作様式の口実になってしまわないために必要です。とはいっても、この歪みと回り道に捕らわれた操作でも必ずしも無効だというわけではありませんし、それは分析的介入の限界を明らかにしてくれるものでもあります。私は、今日は特に、分析の終結について与えられるかもしれない誤った定義を指摘しました。それは、たとえばバリントが分析家への同一化ということを言う場合の終結です。もし転移を正しい水準で捉えなかったら――これは言っておかなければなりませんが、今日はまだその正しい水準とはどんなものかを明らかにしませんでしたから、次回のセミネールの主題になるでしょう――転移という事態について、部分的な影響しか捉えられません。

あなたのさきほどの指摘はなかなか面白いと思います。トポロジーに属するものの場合はいつでも、それに「ゲシュタルト」の機能を与えないように十分に用心しなくてはなりません。だからといって、生命体のある形態を見ると生物が、「同一化」についてのセミネールで詳しく論じた基本的なトポロジー的対象の捩《ね》じれに似たなにものかを造り上げようと努力しているという印象をしばしば受けることは否定できません。その基本的なトポロジー的対象についてはたとえば僧帽《ミトラ》の例をきっと思い出されると思います。僧帽の形は、一つの平面が捩じれて自分自身と交わっている、そういう平面が三次元空間に投影されたものです。解剖学的な布置のこれこれの点や平面がどうなっているのかをさらに詳しくお示しすることもできましょう。このような布置を見ると、生命体がトポロジー的布置に一致しようと感動的な努力をしているように思われます。

内部にあるものが外部にもあるときに問題となっている事柄のイメージを与えてくれるのは、間違いなくこういった考察だけです。だからこそこういう考察は、無意識が問題となるときに特に必要なのです。というのも、私は、無意識を主体の内部にあるものとしてと同時に、外部でしか実現されないものとして、すなわち〈他者〉においてのみその境位を得るものとして示しているからです。聴衆のみなさんの一部は新しくいらっしゃった方ですから、私としては今までのセミネールで得られたことのすべてをここで利用することはできません。そこで、筌というまったく単純なシェーマを使いました。そしてただ、シャッター〔塞ぎ弁〕という概念を導入したのです。対象はシャッターですが、それはどのようにしてシャッターであるのか、という問題が残っています。対象は、受動的にやってくるシャッターではありません。みなさんの思考をある一つの道へと向けるために描いて見せた栓のイメージとは違うのです。いつかこのシャッターについてもっと完璧に図示してみたいと思っています。そうすれば、目の構造との近縁性も見出せるかもしれません。

たしかにきわめて興味深いことに、目の構造は主体と世界との関係を時間的に描こうとするたびに容易に思い起こされるある一般的な形態を示しています。おそらくそれは偶然ではありません。それでも、まだそれに飛びついて、強く固執して考えるべきではないでしょう。

それはともかく、あなたがこの指摘をしてくださったのですから、この機会を利用して、みなさんに私のシェーマとフロイトの例のシェーマとの違いをはっきりさせておきましょう。フロイトのシェーマでは自我をレンズで表し、そのレンズを通して知覚意識系が「無意識 Unbewußtsein」という不定形のかたまりに作用する、としています。このシェーマはそれなりの価値を持っていますが、私のシェーマと同様その射程にはある意味で限界があります。しかしそれでも、違いがあるのにお気づきになるでしょう。もし、自我をどこかに表そうとしたなら私は「$i(a)$」と書いたでしょうが、我われが問題としているのはむしろこの a です。

一九六四年四月二二日

訳註

（1）la sexualité　以下本書ではこの語を「性」と訳している。本書では他に le sexe という語が使われている。この語も「性」と訳したが、その際には「セックス」とルビを付して区別した。なお「性的」と訳されている語は形容詞 sexuel である。

XII　シニフィアンの列の中の性

無意識の現実は性的である
中国の天文学について
ユングに抗して、そして解釈学に抗して
現実の脱性化
無意識の扉
フロイトの欲望とアンナ・O

前回私は一つの定式をお話しして私の講義を終えましたが、その定式がなかなか好評だったということを聞きました。それはまだ展開されたとはいえず、警句のような形のものでしたから、これが好評を得たということは、そこに期待を持たせるような何かがあったのだと考えるしかないでしょう。

私が言ったのは、これから我われは次の定式に信を置くことになるだろうということでした。「転移は無意識の現実の現勢化である」。この定式で言われていることは、転移の分析においてまさにもっとも避けられがちなことなのです。

1

私は、この定式を提唱するのには、難しい立場に立っています。これまでの講義の中で私は、無意識について何を言ってきたでしょうか。無意識とは主体に対するパロールの諸々の効果です。それはパロールの諸効果の発展の中で主体が決定される次元です。そしてその帰結が、無意識は一つのランガージュとして構造化されている、ということでした。たしかにこうした言い方には、あらゆる無意識の把握を現実という観点から切り離し、むしろほかならぬ主体の構成という観点に向け直そうという方向性がはっきりと打ち出されています。しかし私の講義は、その狙いのうちに、私が転移的なものと呼んだ一つの目的を持っていました。私は、私がもっとも照準を定めてきた聴衆、すなわち精神分析家たちを、あくまで精神分析経験に合致した見通しの中に引きとどめておくために、概念的な事柄を扱う場合でも、定式化を行うにつれて聴衆のうえに及ぼされる効果を考慮に入れながら話を進めなければなりません。我われはすべて、教える者も含めて、無意識の現実との関係の中に置かれています。そして、我われの介入は無意識の現実をただ明るみに出すだけではなく、あるところまではそれを生じさせているのです。核心に入りましょう。無意識の現実、それは――支持することの困難な真理ではありますが――性的現実です。フロイトはあらゆる機会を捉えて、頑強と言っていいほどにこのことを述べてきました。しかし、いったいなぜこれは支持することが困難な現実なのでしょうか。

性《セックス》の問題については、フロイトが無意識の発見を明言した時期、すなわち一九〇〇年ないしその少し前頃から比べれば、科学的観点でのいくらかの進歩がありました。我われの頭の中でいかに当たり前のことになっていようと、性《セックス》に関して我われがその頃から獲得してきた科学的知見が、それ以前からずっと存在していたなどと考えてはなりません。性《セックス》ということについて我われの知識は多少なりとも増大したわけです。我われは生物の大部分に見られる性的分割が、それぞれの種の存在の維持を保証していることを知っています。

種の存在をプラトンのように数々のイデアの一つと数えようと、アリストテレスのように種は種を支えている個体以外のどこにもないと言おうと、ここではそれはたいした問題ではありません。種は数々の個体という形のもとに存続していくのだと言っておきましょう。しかしそれでも、種としての馬が存続しているということにももちろん意味はあります。個々の馬は過渡的なものであり、死ぬのですから。そのことから、性《セックス》の、死に対する、つまり個体の死に対する結びつきが根本的なものであるということがお解りになるでしょう。

存在は、性的な分割のおかげで、交接のうえに成立しています。それは、何世紀もの伝統が雄性と雌性として特徴づけようと努めてきた二極の中で、とりわけ際立たされています。それは、この二極にこそ生殖の原動力があるからです。はるか以前からこの根本的現実をめぐって、生殖という最終目標とさまざまな程度に結びついている他の諸特徴が、群としてまとめられ、調整されてきました。私としてはここで、生物学的領域には、第二次性徴という形で性的な分極化に加わるものがあることだけしかお示しすることはできません。そして今日では、この点について、交互に作用する諸機能の分配のすべてがいかに社会の中に基礎づけられてきたかということを、我われは知っています。そのことについてもっとも優れた明確化を行ったのは現代の構造主義でしょう。構造主義によって、根本的な交換が行われるのは自然の生殖や生物学的系統に対立する意味での婚姻関係の水準――したがってシニフィアンの水準――においてであることが示されました。ここに社会機能のもっとも基本的な構造が見出されます。それは組み合わせの諸項として書き込まれるべき構造です。

性的現実とこの組み合わせとが統合されているということを考えると、シニフィアンがこの世に、この人間の世界にやってきたのは、あるいはここを通ってなのではないかという問いが浮かび上がってきます。

シニフィアンが世界に参入するようになったのは、すなわち人間が考えることを獲得したのは性的現実を通してだ、と主張することを正当化してくれるような発見が最近なされています。有糸核分裂についてより厳密な研究が進められつつあるのです。そこで、生殖細胞の成熟にあたって行われる二回の減数分裂の過程が明らかにされました。この減数分裂の過程において認められるのは、目に見える要素、つまり染色体の一定数が失われるということです。ご存じのとおり、これらすべては我われを遺伝学へと導く問題でした。ところで、この遺伝学においていったい何が明らかになったのでしょうか。それは、生きた有機体のいくつかの要因が決定される際の組み合わせの機能の優位性にほかなりません。この機能は、いくつかの段階を経て残部を篩《ふる》い落とすという仕方で働きます。

私はここで小文字のaの機能を思い出さずにはいられないのですが、アナロジー的思弁に深入りすることはやめておきましょう。私はただ、性の謎と、シニフィアンの働きとの間にある一つの類似性を指摘しておきたいのです。

次のような指摘はもっと正当に顧みられてもよいのではないでしょうか。歴史上の事実として、原始的な科学の根は、陰陽、水火、寒暖といった対置と組み合わせを重視し、これらの組み合わせにダンスをリードさせようとするような思考様式の中にこそあった、ということです。ここでダンスという言葉はたんなる比喩以上の意味を持っています。なぜならこれらの組み合わせのダンスは、ある社会の中の性的分配に本質的に関わるダンスの儀式と密接不可分なものですから。

たとえ短時間であれ、ここで中国の天文学について講義を始めるわけにはいきません。どうか、レオポルド・ド・ソシュールの書物を繙いてみてください。これはきわめて面白いものです。このように、この家系にはしばしば天才が輩出しています。この本を読めば、中国の天文学がシニフィアンの働きのうえに基礎づけられたもので、政治、社会構造、倫理、いや日常の箸の上げ下ろしに至るまで、シニフィアンが染み透っているということが解るでしょう。そして、それでいてこの天文学がひじょうに優れた科学であることもお解りになるでしょう。ある一定の時代までは、ほかならぬシニフィアンの巨大な布置の中に天体の現実の全体すらもが書き込まれていた、ということがあったのです。

煎じ詰めれば——極論を申すことになりますが——原始科学は、一種の性的技巧ということになるでしょう。そこに境界線を引くことはできません。性的技巧としての原始科学もまた十分に科学なのですから。中国人たちが行った完璧に正確な観察結果は、彼らがたとえば昼と夜の長さの変化の予知に関して、完全に有効な体系を持っていたということを示しています。しかもひじょうに早い時代に、です。彼らがシニフィアンによって判然と記録してくれているおかげで、我われはそれがいつ頃の時代であるかを確定できます。それは、星図の中に分点歳差が印づけられ、北極星が今日とは異なる位置にあるほどにはるかな昔のことなのです。ただこの科学の中では、すべての人にとって今もなお妥当し続けている経験的検証と、その検証を導く諸原理との間に線が引かれていないというだけのことなのです。同様に、クロード・レヴィ＝ストロースが強調していることですが、原始的魔術の中には空想とまやかししかないと考えることはできません。なぜならそこには、経験的検証の巨大な蓄積が貯えられているからです。

しかし、たとえそうであっても、これらのメカニズムを動かしている性的な起始点からもやい綱が断ち切られてしまうときがやがて訪れます。逆説的に思われるでしょうが、この切断は、シニフィアンの機能が、そこで暗黙のものでしかなく、不明確にしか印づけられていない場合には、それだけ遅れてやってきます。

例をとってみましょう。デカルトとニュートンの革命を経たのちに、まさに実証主義の真っ只中においてもなお、まるで地球を大いなるフェティッシュと見なしているかのような地球についての宗教的な理論をみることができます。その理論は、コントの言っている次のような言明と軌を一にしています。つまり、我われは決して星の化学的組成を知ることがなく、星はずっと同じ位置に、すなわち我われの視点で言うなら、純粋にシニフィアンの機能としてあり続けるだろうというコントの言明です。しかし、不運なことに、ほとんど時を同じくして、光線の分析のおかげで、星についてその化学的組成をも含めて、一挙にいろいろなことが解るようになったのです。こうして、天文学と占星術の差は決定的なものになりました。だからといって、いまだに多くの人々にとって、占星術が生き続けているということを否定するわけにはいきませんが。

2

こうした話はどこに繋がっていくのでしょうか。おそらく、無意識とは性的現実と思考との間のこの蒼古的な結合の残像と考えるべきではないか、と問うことに繋がるのです。たしかに、性こそが無意識の現実ですが、ここにはっきり区別しておかなければならないことがあることをよく理解していただきたいのです。事は安易な接近を許さないものですから、これを明確にするためにはどうしてもまず歴史を振り返るという迂回を経ないわけにはいきません。

人間が性的体験に沿ってものごとを考えていた領域は、科学の侵入によって縮減されてしまいました。歴史上、ユングの思想の中で形成されてきたのは、この領域を再建させようという解決法でした。このことは、主体の精神と現実との関係を元型という名のもとに具現化することになりました。

さて、ユング主義は、世界の分節化のこれらの原始的な諸様式をプシュケーそのものの存続的な何か、核のようなものと考えているのですが、そのことで必然的に「リビード」という用語を排斥することになります。心的エネルギーという概念、すなわちはるかに一般化された関心という概念に依拠することによって、リビードの機能は中立化されてしまうのです。

これは学派による言い方の違いといったような小さな差異ではありません。なぜならフロイトがリビードの機能という形で示そうとしたものは、決して蒼古的関係とか、思考の原始的接近の様式とか、古代世界から我われの世界へと存続する影としての世界といったものではないからです。リビードとは欲望の現前、効力を及ぼすものとしての現前そのものです。ここにこそ、欲望についてこれから指摘していかねばならないことがあります。欲望は物質的実体を持つものではありません。それは一次過程の水準にあって、これから我われが試みるような接近の仕方によってしか捉えられないものです。

先日私は、一九六〇年のある会議の席における私自身の発言に関連して、ある専門外の人が無意識について述べたことを読み返してみました。その人は、彼が置かれた立場からすれば、我われの領域を理解するために、できるかぎり奥深くまで入り込もうと努めていたと言えます。それはリクール氏です。彼は、哲学者にとってもっとも近づきにくいこと、すなわち無意識の実在論にかなり接近していました。無意識の実在論とは、行動の両義性とか、自分が自身について知らないことをすでに知っている未来の知といったものが無意識だというのではなくて、ある種の欠如の中に書き込まれている空隙、切断、破断が無意識であると考えることなのですが、リクール氏はこの次元に留意すべき何かがある、ということに同意しています。ただ彼は、哲学者という自分の立場から、それを彼なりに捉え、解釈学と呼んでいるのです。

昨今、この解釈学と呼ばれるものが高い評価を得ています。解釈学は、私が我われの分析的冒険と呼んだものに対してばかりでなく、レヴィ＝ストロースの仕事の中に表明されている構造主義に対しても異議を唱えています。さて、解釈学とは何でしょう。それは、人間の変転の継起の中に、人間が自らの歴史をそれによって構成している記号の進展、つまり人間の歴史の進展を読み取ることです。この歴史はその先端においてはさらに際限のない時間にまで延長されるような歴史です。リクール氏は、精神分析家が彼らの仕事の中で一歩一歩行っている作業をたんなる偶然の産物として片づけようとしているのです。たしかに、傍目には精神分析家の同業者組合は、リクール氏に納得していただけるほどの根本的な意見の一致を見せていないかもしれません。だからといって、リクール氏に対し、これほど易々と地歩を明け渡してしまっていいのでしょうか。

精神分析がなおいくらか歩みを進めることができるならば、まさに分析という分野の中でこそ、無意識の拍動が性的現実へと結びつくあの結節点の何たるかが明らかになるはずだと私は考えています。この結節点は欲望と呼ばれています。私がこの数年来手がけてきた理論的錬成は、臨床活動の一歩一歩において、欲望がどのようにして要求への依拠の中に位置づけられるのかをみなさんに示すためのものでした。要求はシニフィアンによって分節化され表明されますが、その際に、要求自身の下を流れる換喩的余りを残します。この余りは、未決定で曖昧な要素ではありません。むしろ絶対的であると同時に手の届かない条件です。またこの要素は必然的に袋小路に陥り、満たされぬままになり、実現不可能で無視されています。これが欲望と呼ばれる要素です。欲望は、フロイトによって一次過程における性的審級として定義されている領野との接合点を形づくっています。

欲望の機能は、主体におけるシニフィアンの効果の最終的な残滓です。「我欲す desidero」、これこそフロイトの「我思う cogito」です。一次過程の本質が設立されるのは必然的にここにおいてです。フロイトがこの領野について述べたことをよく吟味してください。この領野では、衝動は基本的に幻覚によって満足を得ているのです。

いかなる機械的図式をもってしても、フロイトがその幻覚論において反射弓上の退行として提示しているものを十分に説明することはできないでしょう。「感覚 sensorium」を通って入ってきたものは、「運動 motorium」を通って出ていかねばならない、そしてもし「motorium」がうまく働かなければ、後ろに戻ることになる、と言われています。しかし、難しいのは、もしそれが後ろに戻るのだとしても、そこで知覚が生じることをどのように考えたらよいのかということです。それはたとえば、何かが、塞き止められた電流からエネルギーを逆流させて、ランプを灯すというようなことと考えればよいのでしょうか。しかしそれにしても、誰に対して灯すのでしょうか。このいわゆる退行にとっても、第三の次元を欠かすことはできません。この事情はまさしく、私が先日黒板に描いた、言表内容《エノンセ》の主体と言表行為《エノンシアシオン》の主体という二重構造と厳密に同じ形でしか理解されないでしょう。ここに、欲望する主体、しかも性的に欲望する主体の現前があるからこそ、前述のような退行の自然な隠喩の次元が私たちにもたらされるのです。つまり、いわゆる知覚同一性とフロイトが言っているものがそれをもとに決定されているあの自然な隠喩がもたらされるのです。

フロイトはつねにリビードを一次過程の本質的要素として主張しています。それはつまり、彼が理論を説明する際のテクストの見かけとはまったく違って、もっとも単純な幻覚においてさえも、つまり欲求の中でももっとも単純な欲求に関わる幻覚、すなわち食べものの幻覚においてさえも、たんなる欲求の対象がそこに出てくるわけではない、ということです。もっとも単純な幻覚とはたとえば、幼いアンナがたしか「タルト」や「苺」や「卵」やその他のお菓子の名前を寝言に言いながら夢を見ていたときに、アンナの夢に生じていた幻覚です。夢という幻覚が可能になるのは、これらの対象の性化がなされていればこそ、です。実際、気づかれた方もいらっしゃると思いますが、アンナは禁じられた対象だけしか幻覚していないのです。この点はそれぞれの症例に即して検討してみることが必要でしょう。しかし幻覚という現象においては必ず意味作用の次元を明確にせねばなりません。そうすることによって、快原理において何が問題かが明らかになります。幻覚にある種の現実性が含まれるという事実は、主体が欲望しているということに端を発しています。フロイトが快原理を現実原理に対置させているとすれば、それはまさに、そこでは、現実が脱性化されたものとして定義されているというかぎりにおいてです。

昨今の精神分析理論ではしばしば脱性化された機能ということが語られます。たとえば、自我理想は脱性化されたリビードの備給によって成り立っているなどと言われます。脱性化されたリビードとは、またずいぶん難しいことを考えておられるものだと思います。しかし、現実への接近にあたってなにがしかの脱性化が起こるということ、そのことはたしかに、フロイトが「心的生起の二原理 Zwei Prinzipien des psychischen Geschehens」[1]を定義する際の原理になっていました。

我われは転移においてこそ性的現実の重みが明確に姿を現してくるのをしっかりと見なくてはならないと言われますが、それはどういうことでしょうか。大部分は見知らぬ不気味なものとされたまま、そして一定の時期がくるまでは隠されたまま、性的現実は精神分析のディスクールの平面で起きている事柄の下を流れています。一方、分析のディスクールは、形がはっきりしてくるにしたがって、まったく要求のディスクールそのものとなります。すべての経験において我われがその要求を不満感《フリュストラシオン》と満足感《グラティフィカシオン》の間で行ったり来たりするようにさせることになったのには、それなりの理由があります。

黒板を見てください。私はここに、かつて「内巻きの8」と呼んだ主体のトポロジーを書きました。これはたしかに例のオイラー円を思い出させるものです。ただ、ここで

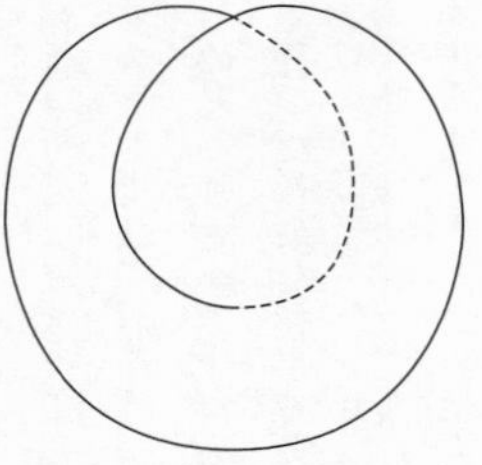

内巻きの8

問題となっているのはもはや線ではなくて面、つまりみなさんがそこに思い描くことのできる面です。この縁《ふち》は繋がっています。ただある一点までくると、先に作られていた面によって、縁は隠されてしまいます。この絵はある角度から眺めると、重なり合っている二つの領野を表しているようにも見えるでしょう。

無意識の展開の場として定義されるこちらの葉《ローブ》が、性的現実の場であるこのもう一つの葉に重なり合い、それを覆い隠してしまうようになるこの点に、私はリビードを位置づけました。こうしてリビードは二つの葉に属するもの、つまり集合論理学で言う、両者の交わりの場ということになるかに見えます。しかしまさに、そういうことではないのです。なぜなら二つの領野が重なり合ってできているように見えるこの部分は、それを面《シュルファス》として正しく捉えてみれば解るように、一つの空なのですから。

この面は、かつて私が弟子たちのためにそのトポロジーを描いてみせたもう一つの面、つまりクロス・キャップ、あるいは僧帽《ミトラ》と呼ばれているものに通ずる点を持っています。

私はここにそれを描いておくことはしませんでしたが、容易に目につくその特徴のいくつかを頭に置いておいていただきたいと思います。それは内巻きの8の字から作ることができます。ここに現れている二つの縁を繋ぎ合わせるようにして、面をおぎない、それを閉じてみましょう。つまり、まるで一つの円がその中に何かを含んでいるように見立てて、そこから球を作るような具合に、この8の字を球状に閉じるような面を考えてみるわけです。そうしますと、このようにしてできる面は、メビウスの面であり、表が裏に続くことになります。この形態に必然的に伴うもう一つの特徴は、球面を完成させるためには、この面が、自分自身があらかじめ作っていた面を、どこかで横切らなければならないということです。このことを今私が描いたこの8の字の線で示しますと、ちょうどこの点で横切ることになります。

このトポロジーのイメージによって、要求の領野と性的現実とが結びつく場としての欲望というものを思い描くことができるでしょう。この欲望の場で、無意識の拍動的な消失が繰り返し現れているのです。このような諸関係は、欲望の線とでも言うべき一つの軌跡のあり方によって決定されます。この軌跡が要求へと結びつけられることで、分析的経験の中に、性的影響力が姿を現すことになるのです。

この欲望、それはどのようなものでしょうか。みなさんは私がここで転移の審級を示しているとお考えでしょうか。そうだとも言えますし、そうでないとも言えます。私がみなさんに、ここで問題となっている欲望はほかならぬ分析家の欲望であると申し上げるなら、事情はそう単純でないことがお解りいただけるでしょう。

3

あまりに大胆と思われるような断言をして、みなさんを煙に巻いたままにしておくのは私の本意ではありません。私はただ、ここでほかならぬフロイトの視野の中に無意識の入口がどういう形で出現したのかを、みなさんに思い出していただこうとしているのです。

アンナ・O——このO嬢の物語からちょっと話はそれますが、彼女の本名が、ドイツの社会福祉史に大きな足跡を残したベルタ・パッペンハイムであったことを思い出しておきましょう。まだ最近のことですが、嬉しいことに、私の弟子である女性がベルタの顔が載っている小さなドイツの切手を持ってきてくれました。これで彼女が歴史の中に名を残した人物であることがお解りいただけるでしょう。さて、アンナ・Oとの関わりの中で、転移は発見されました。ブロイアーは、この女性を相手に進めていた操作に、すっかり心を奪われてしまいました。ものごとはすらすらと運んでいました。このとき誰かが、シニフィアンという語をストア哲学の語彙の中から再生させる術を知っていて、この語を使ったとしても誰もそれに異議を唱えることはなかっただろうと思います。アンナがシニフィアンをもたらせばもたらすほど、ものごとはますますうまく運んでいたのです。アンナの治療はまさに「chimney-cure」、つまり煙突掃除でした。この中には、厄介なものは何一つありませんでした。観察記録を振り返ってお読みになればお解りでしょう。顕微鏡で見ても、俯瞰的に見ても、性などかけらもなかったのです。

それでもやはり、性への入口がブロイアーその人によって開かれます。何かが彼のところへも戻ってきはじめます。それは彼の家庭からやってきます。「あなた、ずいぶんあの娘に入れ込んでいるわね」。こう妻に言われた愛すべきブロイアー氏は、良き夫であったので、不安になってこう考えたのです。そうだな、ここまで治したらもう十分じゃないか、と。そしてこれがきっかけになって、ご存じのように、O嬢は学術用語で「偽妊娠 pseudocyesis」と呼ばれている華麗かつ劇的な表出を示すことになります。

「pseudocyesis」、つまり偽の妊娠、神経性と形容することのできる妊娠です。

ここでO嬢は何を見せているのでしょうか。あれこれ思弁を巡らすのはかまいませんが、いわゆる身体言語なる概念に安易に飛びつくことだけはしないようにしてください。より単純に、これはただ性という領域が記号の機能の自然なあり方を示したにすぎないとだけ言っておきましょう。この水準は、シニフィアンの水準ではありません。なぜなら偽妊娠は一つの症状であり、症状は、記号の定義にしたがって、誰かにとっての何かであるからです。シニフィアンはこれとはまったく異なり、もう一つの別のシニフィアンに対して主体を代表象するものです。

これが大きな差であることは、この際はっきりさせておくべきです。なぜなら、当然かもしれませんが、この出来事のすべてがベルタの過ちであると言われがちだからです。しかしみなさん、そんなふうに考えるのはちょっと待ってほしいのです。どうして我われは、「人間の欲望、それは〈他者〉の欲望である」という私の定義にしたがって、ベルタの妊娠をむしろブロイアーの欲望の現れである、と考えないのでしょうか。どうしてみなさんは、子供が欲しいという欲望を持っていたのがブロイアーであるというところまで考えを進めてみないのでしょうか。そう考える手がかりとなる話をしておきましょう。ジョーンズがインタヴュアーに明らかにしているように、ブロイアーは、夫人とともにイタリアに旅立ち、さっそく子供を作っているのです。そしてこの冷静なウェールズ人の学者が言うには、そのような因縁で生まれたこの子供は、ちょうどジョーンズがこの話をしていたそのとき、自殺したばかりだったのです。

この結末に決して無関係ではないある欲望について我われが何を考えることができるかという点はさておくとして、フロイトがブロイアーに対してどう言ったかを見ておきましょう。——「それにしてもこれはなんということだ。この転移は、あのベルタの無意識が勝手にしたことであって、君の無意識のせいじゃない。君の欲望のせいじゃないのだ」——彼らが「君 du」と呼び合っていたかどうかは解りませんがありそうなことです——「それは〈他者〉の欲望だよ」。ここで私は、フロイトがブロイアーをヒステリー者として扱っていると考えます。なぜなら彼はブロイアーに、「君の欲望、それは〈他者〉の欲望だ」と言っていることになるからです。興味深いことに、フロイトはブロイアーを罪意識から解放しているわけではないのに、確実に不安をやわらげています。私が罪と不安の二つの水準の間に区別を設けているということを知っている人は、ここにもやはりその区別があるのを見出されるでしょう。

このことは我われに、フロイトの欲望がどんな影響を後に残したかという問題を考えさせます。フロイトの欲望は、転移に対する考え方そのものを、今やその不合理さの極に達している一つの方向性へと逸脱させました。かくして今では、転移理論はすべて精神分析家の防衛にすぎないと言う分析家が現れるほどになっています。

私はこの極論をちょうど逆にして、転移理論は分析家の欲望であると申し上げることによって、そのことのもう一つの面をお示ししておきましょう。私が申し上げていることをよくお聞きください。私はたんにものごとを逆さまにしようとしているのではないのです。これを鍵にして、転移の問題を扱った総説を読んでみてください。誰の手になるものでも構いません。精神分析について「クセジュ文庫」に書くというようなことをする人なら、転移の問題についてもみなさんに全体の展望を見せてくれると思います。こう言えばそれが誰かもうお解りと思いますが、この人の転移の総説を、この見通しのもとに読んでみてください。

転移という領域にもたらされる人々の寄与は、フロイトは別格として、各人の欲望が完全に読み取れるようなものになっているのではないでしょうか。たとえばアブラハムを、彼の部分対象論のみを手がかりにして分析することもできます。そこにはたんに、分析家が患者をどういうものにしたいかが示されているだけではありません。そこにはまた分析家が、彼の患者によってどういうものにしてもらいたがっているかも示されているのです。アブラハムは完全なる母親になりたがっていたのだと言えましょう。

それから、フェレンツィの理論の隙間を、ジョルジウスの有名な「僕は息子で父親だ」という唄の文句で埋めていくのも面白いのではないでしょうか。

ナンバーグも彼なりの意図を持っています。実に注目すべき『愛と転移』という論文の中で、彼は生と死の力の裁量権を持った者のように振る舞っています。ここには神の地位への憧憬を見て取らぬわけにはいきません。

これらはすべて笑い話という程度のものでしかないかもしれません。しかしこの種の物語の成り行きの中でこそ、私がここで黒板に図を描いて説明しようとしたいくつかの機能が取り出されてくるのです。

あの筌《うえ》のシェーマを、人格の精神分析理論、心理学化してしまった理論への応答として私が提出したいくつかのシェーマと結びつけるためには、筌の遮蔽物をカメラのシャッターと考えていただくだけで十分です。ただ、このシャッターは鏡でできています。向こう側にあるものを塞ぐことになるこの小さな鏡の上で、主体は自分自身のイメージのピントが合うのを見るのです。倒立した花束の実験から得られたもの、あの実像という錯覚をモデルに考えてください。この調整に際して彼自身のイメージがそれの周りに現れるもの、それが小文字の *a* です。主体が、自分にとって必須の統合性のチャンスをつかむのは、これらのイメージのピント合わせの全体においてです。これらすべてのことから我われはいったい何を知ることができるのでしょうか。精神分析の歴史、言いかえれば分析家たちの欲望の関与の歴史の変遷の中で、我われは細々したディテール、補足的な所見、影響についての追加や洗練などを付け加えてきたということ、そして、それらの付け加えによって我われは、欲望という水準における分析家一人一人の現前がどのようなものかが解るということです。まさにこのような状況の中に、フロイトは彼に追随した人々、彼が彼の一党と呼んだ人々を、置き去りにしたのです。

結局のところ、キリストに付き従った人々はあまりパッとしませんでした。フロイトはキリストではなくて、むしろ何かあの『ビリディアナ』(2)のようなものでした。あの映画の中であれほど皮肉をこめて撮影されている人々を見ると、私は時々どうしようもなく、やはり何度かカメラに収められているフロイトの使徒たちや亜流たちの一団を思い出してしまうのです。これでは彼らを小さく見積もりすぎていることになるでしょうか。

いや、せいぜい、使徒たちと同じ程度に見積もっている、ということなのです。彼らはまさに使徒というレベルで最上の証言を残すことができたのです。彼らが我われをもっとも啓発してくれるのは、ある種の素直さ、ある種の貧しさ、ある種の純真さによってではないでしょうか。たしかにソクラテスをめぐって集まった顔ぶれの方がはるかに豪華でした。そしてその人たちも負けず劣らず、転移について我われに多くのことを教えてくれます。それに関する私のセミネールに出席していた方々はきっと頷いてくださることでしょう。

次回はここから話しはじめましょう。そしてみなさんに、分析家の欲望の機能について掘り下げてお話ししてみようと思います。

質疑応答

J=A・ミレール——二種類のディスクール、つまり科学のディスクールと〈他者〉のディスクール、すなわち無意識との間には、どのような特異的な繋がりがあるのかという問題が立てられます。科学の出現以前のディスクールとは異なり、科学はもはや無意識の組み合わせの上には成り立っていません。科学は無意識に対して無関係という関係を設定することによってその地盤を固めました。科学は無意識と縁を切ったのです。ところがそれにもかかわらず無意識は消えていません。無意識の影響はいまだにそこに感じられます。あなたが主張なさっている精神分析の科学性について熟考することは、科学の思考の新しい歴史を書くことに繋がっていくと思われます。この点についてお考えをお聞かせください。

ご質問では、二重の問題設定がなされていることがお解りでしょう。分析家の欲望からの本質的でしかも変転しつつある影響力にもかかわらず、精神分析を現代科学の列に加えることができるとするならば、現代科学の背後にある欲望という問題を我われは立てることができるはずです。たしかに、無意識のディスクールという条件からは、科学のディスクールは切り離されています。そのことは集合論に見られます。組み合わせが性による捕捉と結びついていた時代には、集合論は日の目を見ることができませんでした。いかにしてこの切り離しが可能なのでしょう。我われがこの問いに答えていくことができるとすれば、それは、まさに欲望という水準においてこそなのです。

一九六四年四月二九日

訳註

（1）「心的生起の二原理に関する定式」高田珠樹訳、『フロイト全集11』岩波書店。

（2）スペイン生まれの映画監督ブニュエルの映画、一九六一年公開。

XIII　欲動の分解

ある分割のトポロジー的図式化によって、そしてまた、自身へと内巻きの螺旋を描く周のトポロジー的図式化によって、私がみなさんをお連れした場所、そこは分析状況――不適切な言い方ですが――と一般に呼ばれるものが構成している場所なのですが、その場所を指し示すことで私は前回の話を終えました。

このトポロジーは、離接と合接、結びと重なりの点がどこにあるかをみなさんに理解していただくことを企図したものです。そして、分析家の欲望だけがその点を占めることになるのです。

さらに先に進むために、つまり分析の長い経験と分析のさまざまな学説によって蓄積されてきた実践と概念のありとあらゆる逸脱のせいでこういう位置づけがいかに必要となっているかを示すために、以前の私のセミネールに事情があって出席することができなかった人たちに向けて、私が先に分析経験に必要不可欠なものとして提出しておいた四番目の概念、すなわち欲動という概念を持ち出さねばなりません。

1

フロイトにおけるこの概念はまったく新しいものですから、フロイトにしたがってしかそれを導入――フロイトの言葉を使えば「Einführung」――することはできません。「欲動 Trieb」という用語は、たしかに心理学あるいは生理学においてのみでなく、物理学においてさえ長い歴史を持っています。そして、フロイトがこの用語を選択したのは、決してたんなる偶然からではありません。しかも、彼は「Trieb」にひじょうに特殊な用法を与えたのです。「Trieb」は分析実践自体にあまりに組み込まれすぎているせいで、その過去はまったく覆い隠されてしまっています。無意識という用語の過去が、分析理論における無意識という用語の使用法に重い影響を残していますが、それと同程度に「Trieb」についても各人それぞれが分析経験の一種の根元的所与を示す名称としてそれを使用しています。(1)

時折、「Trieb」を引き合いに出して私の無意識論に反対して次のように言う人がいます。つまり、無意識に関する私の学説には何らかの知性化が見られる、とか——もし彼らが知性について私の考えていることを知ったら間違いなくこの非難を撤回することになるでしょうが——、どんな分析家も経験から知っていること、すなわち欲動的なものを私が無視している、と言うのです。実際我われは経験の中で抑えつけても抑えがたい性格を持つ何かに出会うことがあるでしょう。そして抑えつけがあるはずだというなら、それはその向こうに何か衝迫するものがあるということになります。我われが扱わなければならない症例それぞれの臨床的重みをなしている欲動と呼ばれる要素に出会うためには、大人の分析にそんなに深入りする必要などなく、子供を治療してみれば十分です。こうして、そこには究極的な所与、蒼古的なもの、原初的なものへの依拠があるように見えてしまいます。無意識を理解するためにみなさんに断念するように教えているこのような依拠へと頼ることが、ここでは不可避なことのように見えてしまうのです。

さて、欲動に関連して問題となっているものは生体という領域に属するものなのでしょうか。フロイトは『快原理の彼岸 Jenseits des Lustprinzips』の中のある箇所で欲動、「Trieb」とは生体の生における「die Äußerung der Trägheit」つまり慣性の表れであると述べていますが、このフロイトの言葉を欲動が生体という領域に属しているという意味に解釈すべきなのでしょうか。欲動とは、この慣性を固定すること、つまり固着、「Fixierung」を持ち出して補えば完璧なものとなるような単純な考え方なのでしょうか。私はそう思わないだけではありません。欲動という考え方についてフロイトの行った考察を真摯に検討すれば、まるで反対のことになると思います。

欲動は衝迫ではありません。次のような理由からだけでも、「Trieb」は「衝迫 Drang」ではありえないのです。一九一五年に書かれたある論文(2)――これが書かれたのは『ナルシシズムの導入にむけて Einführung zum Narzißmus』の翌年のことで、そのことの重要性はのちほどお解りになると思います。この論文は『欲動と欲動運命 Triebe und Triebschicksale』(3)と題されていますが――ちなみに、「Triebschicksale」はフランス語で「化身 avatar」と訳されていますが、これはいけません、もし「Triebwandlungen」なら「avatar」でしょうが、「Schicksal」ですから「冒険 aventure」ないし「変遷 vicissitude」です――、要するにこの論文において、フロイトは欲動において四つの項を区別することが重要であると述べています。まず「Drang」がきます。つまり衝迫です。ついで「Quelle」、源泉。そして「Objekt」、対象。最後に「Ziel」、目標です。もちろん、このように列挙してみればまったく当たり前であると思われるでしょう。しかし私の意図は、このテクスト全体からしてこの列挙がそれほど当たり前なものではないということを、みなさんに証明してみせることにあります。

まず、フロイト自身がこの論文のはじめの部分で、欲動とは「Grundbegriff」、つまり基本概念である、と述べていることはひじょうに重要です。彼はそれに付け加えて——そのことによって、彼が優れた認識論者《エピステモローグ》であることが解りますが——、彼フロイトが欲動というものを科学に導入したからには、二つに一つである、つまりこの概念は保持されることになるか、あるいは拒絶されることになるか、いずれかである、と言います。今日なら、この概念が機能するなら——私なら、この概念が浸透していくべき現実的なものの中でそれが道を描くなら、とでも言いますが——保持されるであろう、と言われることでしょう。つまり科学的領野の他のすべての「基本概念 Grundbegriffe」と同じことです。

ここにはフロイトの頭にあったことがくっきりと現れています。それは物理学の基本概念です。彼の生理学の師たちは、たとえば生理学を現代物理学の基本概念へと、そしてとりわけエネルギー論の基本概念へと統合することを実現しようと頑張った人々でした。力やエネルギーといった概念をめぐって、歴史を通じて、次第次第に包括的に捉えられていく現実に合うように、どれほどの問題枠の練り直しが必要となったことでしょうか。

それこそフロイトの見越していたことでした。彼はこう言っています。「認識の進歩は定義によるいかなる「硬直 Starrheit」も魅了も許さない」。彼はどこか他のところで、欲動は我われの神話の一部をなすとも言っています。私としてはこの神話という用語を使いたくはないのです。ちなみに、この同じテクストの最初の一節でフロイトは「Konvention」、決めごとという語を用いています。この語は問題のものにより近いですが、むしろ私の話をずっと聞いてこられた人々に指摘したベンサムの用語を用いてフィクションと呼ぼうと思います。今、いきがかり上フィクションと言いましたが、モデルという用語よりはよほど適切でしょう。モデルという用語は誤った用い方をされすぎました。いずれにせよモデルは決して「Grundbegriff」ではありません。というのも、ある種の領域では複数のモデルが相関しながら機能することもありえるからです。「Grundbegriff」つまり基本概念についてはそのようなことはありませんし、基本的フィクションについてもそのようなことはありません。

2

さて、欲動との関連でフロイトが口にした四つの項をもっと詳しく見てみると、まず第一に見えてくることは何かをここで考えてみましょう。それは言ってみれば、この四つの項はバラバラに現れるしかないということです。

第一に衝迫、これはたんなる放出への傾向と同一視されることになります。放出への傾向は刺激という事実によって生み出されるものです。すなわち、刺激の水準にある追加のエネルギーのうち入ることを許された部分の伝達、つまり『草稿』に出てくる例の $Q\eta$ の伝達です。しかし、ただこの点についてフロイトは直後にひじょうに含蓄のある一つの指摘をしています。つまり、おそらくここにもまた刺激作用、興奮があるが——フロイトがここで用いている言葉を使えば「刺激 Reiz」があるということになります——、しかし欲動に関して問題となるこの「Reiz」は外的世界からやってくるいかなる刺激とも違い、内的「Reiz」である、ということです。それは、どういうことでしょうか。

それを解明するために我われには欲求という概念があります。生体においてさまざまな水準で、第一には飢えや渇きの水準で現れてくるあの欲求です。これが、フロイトが内的興奮と外的興奮を区別することで言いたかったことのように思われます。さてフロイトは、最初から「Trieb」において問題なのは、「飢え Hunger」や「渇き Durst」といった欲求の圧力ではない、と断言しているということを指摘しておかなくてはなりません。

実際、「Trieb」について検討するためにフロイトは全体としての生体の水準で作用するものを拠り所にしているでしょうか。全体性を保っている生体の中にここでは現実的なものが侵入しているのでしょうか。ここで関係があるのは生命体でしょうか。いいえ、違います。フロイトが欲動に最初に与えた形がいかに未分化なものであっても、つねにフロイト的領野そのものが特異的に問題となっているのです。それは、さきほどの『草稿』の用語によれば、「自我 Ich」、「現実自我 Real-Ich」の水準にあるものです。「Real-Ich」は、生体全体によってではなく、神経システムによって支えられていると考えられています。それは、プログラムされ、客体化された主体という性格を持っています。私はこの領野の持つ面という性格を強調して、この領野をトポロジー的に論じ、またこの領野を面として取り扱うことがあらゆる点でもっとも適した方法であることを示そうと思います。

この点が重要です。というのは、この点をもっと詳しく見てみると、この領野のある種の要素がフロイトの言うように「欲動備給される triebbesetzt」のは「欲動刺激 Triebreiz」によってであることが解るからです。この備給はエネルギーの場へと我われを導きます。しかし、それはどんなエネルギーでもいいというわけではありません、ポテンシャルエネルギーです。なぜなら、フロイトが強調して述べているように、欲動の特徴は「恒常的な力 konstante Kraft」であることだからです。フロイトは、欲動を「一時的な衝撃力 momentane Stoßkraft」と考えることはできなかったのです。

この「momentane Stoßkraft」とはどういう意味でしょうか。この「Moment」という言葉については、すでにある歴史的誤解の例があります。一八七〇年のパリ攻囲の間パリの人たちはビスマルクの使ったという「心理的なモーメント psychologisches Moment」という言葉を嘲笑しました。その言葉は、彼らにはまったく滑稽に思えたのです。というのは、フランス人はつい最近まで――つまり、最近になってフランス人は、何にでも馴れてしまったからですが――、言葉の正確な使用についてつねに敏感だったからです。まったく新しいこの心理的モーメントは、彼らには、格好の笑いの種と思われました。つまり、この言葉の意味はたんに心理的「ファクター」ということだったのです。この「momentane Stoßkraft」の場合は、おそらくファクターという意味にとるべきではなく、運動力学の力率《モーメント》の意味にとるべきなのでしょう。この「衝撃力 Stoßkraft」は、〔ライプニッツの言う〕活力、運動エネルギーのことにほかならないと思います。欲動においては、決して運動エネルギーが問題なのではなく、つまり運動でもって調整されるようななにものかが問題なのではありません。ここで問題となっている放出は、まったく別の性質のものであり、まったく別の平面に据えられるべきものです。

衝迫は恒常的なものですから、つねにリズムを持つ生物学的な機能のうちに欲動を入れることはできません。フロイトが、欲動について言っている第一のことは、こう言ってよければ、欲動には昼も夜もなく、春も秋もなく、高まりも衰退もない、ということです。それは恒常的な力なのです。いずれにせよ、テクストを熟読すると同時に、分析経験も考慮に入れなくてはならないでしょう。

3

鎖のもう一方の端で、フロイトは、「満足 Befriedigung」に言及しています。その語をフロイトははっきりと書き、しかし括弧をつけています。欲動の満足とはいったいどういうことでしょうか。「えっ、それはまったく簡単なことさ、欲動の満足とはその「目標 Ziel」に到達することさ」とおっしゃるかもしれません。野獣は、穴から出てきて「何か貪るものを捜し求め quaerens quem devoret」(4)、口に入れるものを見つけると、満足し、食らう、というわけです。そのようなイメージがかき立てられるという事実自体が、そのイメージをまさしく欲動の神話と共鳴させてしまっている証拠です。

こういう考え方にはただちに反論できます。それを今まで誰も指摘しなかったのは奇妙なことです。というのも、この反論は、はじめから我われに与えられているからです。――もっともそれは謎としてであり、フロイトの他のさまざまな謎と同じようにフロイトの生涯の最後まで挑戦のままであり、それ以上説明もされず将来に委ねられた謎ですが。実際、フロイトが最初に提示した欲動の四つの基本的変遷の第三のものを思い出してください。それは昇華です。ちなみに欲動に「四つ」の要素があるように、「四つ」の変遷があるというのは興味深いことです。この論文でフロイトは何度も繰り返して、昇華もまた欲動の満足であると述べています。ところが、昇華においては「zielgehemmt」、つまり目標を制止されています。昇華においては欲動は目標に到達しないということです。それにもかかわらず、昇華は欲動の満足であり、しかも抑圧もなしにである、と言うのです。

別の言い方をするとこうなります。さしあたっては私はあなたを抱きはしません。あなたに話をしています。ところが、私はちょうどあなたを抱いているのとまったく同じ満足を得ることができるのです。昇華とはそういうことです。そうすると、私は実際にあなたを抱いているのか、という問題が生じてきます。欲動と満足というこの二つの項の間には極端な二律背反があり、そのために欲動の機能を扱うと結局のところ満足とは何かということを問題にせざるをえないのです。

ここまできたら、ここにおられる精神分析家であるみなさんには、私がどの点にもっとも鋭く焦点を合わせているのかを感じ取っていただかなくてはなりません。我われの関わる人々、つまり患者たちは、よく言われるように、自分たちの現状に満足して《ス・サティスフェール》いないことは明らかです。ところが、彼らの現状のすべて、彼らの体験することすべて、彼らの症状までもが、満足に関わるものだということが知られています。彼らはなにものかを満足させて《サティスフェール》いるのですが、そのなにものかは彼らを満足させるものとはおそらく逆行するものです。あるいは、もっといえば、彼らはなにものか「に」満足を与えるのです。彼らは彼らの状態に自ら甘んじて《ス・コンタンテ》はいません。しかしそれでも、かくも甘んじがたい状態にありながら、自ら甘んじているのです。問題はまさに、そこで自ら甘んじているこの「自ら」とはいったい何なのかということになります。

全体から見て、そしてまったく大雑把な言い方ですが、彼らが不快の道を通って満足を与えるその当のものは、それでもやはり——これはまた広く受け入れられていることですが——快の法則であると言えるでしょう。言ってみれば、この種の満足のために、自分自身に対して過剰な苦を与えるということです。我われの介入を唯一正当化するのは、ある点まではこの「過剰な苦」ということだけです。

ですから、満足については目標は達せられていない、と言うことはできません。目標は達せられています。ただし、それが最終的な倫理的態度表明というわけではありません。しかし、我われ分析家が倫理の問題に取り組む仕方は、ある水準ではまさにこのような仕方です。もっとも、我われ分析家が他の人たちよりも何が正常で何が異常かを少しばかりよく知っているというかぎりでのことですが。我われは、うまくいくこととうまくいかないこととの間にはさまざまな形の配合があり、それが一つの連続体をなしているということを知っています。分析において我われが目の当たりにしているものは、すべてが秩序立てられていて、それなりの仕方で満足を達成する、そういう一つのシステムです。我われが、それに首を突っ込むのは、我われは他の道、たとえばもっと手っ取り早い道があると思うからなのです。いずれにせよ、我われが欲動に関わるのは、欲動の水準においてこそ満足の状態が正されることになっているからです。

この満足は逆説的なものです。よく見てみるならば、そこに新たななにものかが作用しはじめていることに気づきます。つまりそれは不可能なものというカテゴリーです。このカテゴリーはフロイトの概念の基盤の中でも、きわめて根元的なものです。主体の歩む道——この主体という用語があって初めて満足が位置づけられるのです——、主体の歩む道は不可能なものの二つの壁の間にあります。

不可能なもののこの機能は、否定的な形態をとる諸々の機能と同様、気をつけて取り扱うべきものです。これらの概念を取り扱う最良の方法はそれらを否定によって捉えないことだ、ということだけ示唆しておきましょう。この方法は我われをここで、可能なものとは何かという問いへと導くことになるでしょう。不可能なものとは必ずしも可能なものの反対ではありません。ですから、我われとしては、可能なもの《ル・ポシブル》に対置されるべきはまさしく現実的なもの《ル・レール》ですから、現実的なものを不可能なものと定義することになるでしょう。

私としてはそこに障害物があるとは思えません。しかも、フロイトにおいて現実的なものが現れるのはこのような仕方でのことですから、つまり快原理に対する障害物という形でのことですから、なおさら私には障害物があるとは思えません。現実的なもの、それは不調和であり、それは外界の対象へと手を伸ばすときに望まれるようには、すぐにはうまくいかないということだと思われています。しかし私は、こうした考え方はこの点についてのフロイトの考えを単純化したまやかしだ、と思っています。現実的なものは、先回申し上げたように、快原理の領野からの分離によって、つまり脱性化によって、そしてその結果その経済が何らかの新しいものを容認することによって、特徴づけられるのです。この何らかの新しいもの、それがまさに不可能なものです。

しかし、この不可能なものはそれ以外の領野においても欠くことのできないものとして現れます。快原理においては不可能なものがあまりにも現前しているので、不可能なものはそこでは決してそれとして認められることはない、ということこそが、この快原理の特徴ですらあります。快原理の機能は幻覚によって満足することだという考えは、そのことを図式化するためのものです。しかしそれは図式化にすぎません。対象をつかむことによって欲動はいわば、己れが満足するのはまさにそれによってではない、ということを学びます。いかなる「欲求 Not」すなわち欲求のいかなる対象も欲動を満足させることはできないからこそ、欲動の弁証法の出発点において、「Bedürfnis」と「Not」とが、つまり欲動的要請と欲求とが、区別されているのです。

それでもみなさんは口に、つまり欲動という領域に開いている口に詰め込むことぐらいはできます。しかしこの口が満足するのは食べ物によってではありません。それはいわゆる口の快によってなのです。それだからこそ、分析的な経験では、口唇欲動は、最後には、まさに定食《ル・ムニュ》を注文するという状況で現れることになるのです。このようなことが起こるのはたしかに満足という原則にしたがう口によってのことでしょう。つまり口から出ていったものは口へと戻り、私がさきほどよく使われる表現で口の快という言い方をした快において尽きるのです。

フロイトが言っているのはこのことです。テクストをお読みください。「欲動において対象であるもの、それは本来はいかなる重要性もないということはよく知っておいてもらいたい。対象はまったく無差異《アンディフェラン》である」。フロイトを読むときは、いつでも耳をそばだてて読まねばなりません。しかもこのようなくだりを読むときはなおさら聞き耳を立てずにはいられません。

いかなる欲動においても、欲動においては対象は無差異であるというようなことが言えるためには、欲動の対象をどのように考えればよいのでしょう。たとえば口唇欲動を取り上げるならば、問題は、食べ物でも、食べ物の記憶でも、食べ物の残響でも、母親の世話でもなく、乳房と呼ばれているなにものかである、ということは明らかです。この乳房は、同じ一連のものに属しているので、一見自然に出てくるように見えます。しかし、フロイトが欲動において対象は何の重要性もない、という指摘をしているのは、乳房は、おそらくその対象としての機能について全面的に考え直されなければならないからでしょう。

乳房の対象としての機能、つまり私が対象 a という概念で導入したような欲望の原因としての対象の機能における乳房、それに欲動の満足というべき機能を与えなくてはなりません。もっともうまい表現は次のようになるでしょう。「欲動はその周りを巡る la pulsion en fait le tour」(5)。他の諸対象についてもこの定式を当てはめることができるでしょう。フランス語では「tour」という語は英語の「turn」つまりその周りを巡る標点という意味と、「trick」つまり手品のトリックという意味がありますから、この定式は両義的に取ることができます。

4

最後に源泉という問題に移りましょう。もしどうしても欲動という機能に生命に不可欠な何らかの調節機能を持ち込もうとするならば、この問題こそそれへと至る近道だということになるでしょう。

なぜでしょうか。なぜいわゆる性源域は縁《ふち》という構造によって特徴づけられるような部分においてしか認められないのでしょうか。なぜ口が取り上げられて食道や胃は取り上げられないのでしょうか。食道や胃だって口唇的機能を持っています。しかし、性感ということになると口のことが取り上げられます。口だけではありません、唇や歯も、そしてホメロスが歯垣と呼んでいるものも取り上げられます。(6)

肛門欲動についても事情は同じです。ある生命的な機能、つまり排泄は世界との交換の機能の一つと考えることができる、と言ってみても十分ではありません。その他にも排泄的な機能はありますし、肛門縁以外にもこの機能に関わるいくつかの要素がありま す。しかし特異的に肛門縁こそが我われにとっても等しくある欲動の発するところであり、源泉であると定義されているのです。

欲動に似たなにものかがあるとすれば、それは組み立て《モンタージュ》であると言えましょう。

それは何らかの合目的性に基礎を置く視点で考えられるような組み立てではありません。このような視点はむしろ現代の本能理論において採用されている視点です。現代の本能理論によれば、ある組み立て（設定）のイメージの提示がきわめて衝撃的な効果を生むことが解っています。この種の組み立てはたとえば、鶏小屋の雌鶏の上数メートルのところを猛禽の形をした切り紙細工を横切らせると、その雌鶏に地に伏せる動きをさせるというようなある特異的な形態のことです。つまり組み立てとは、適切さはさまざまとはいえともかく何らかの反応を起こさせるものですが、こうした策が成立するということはまさにこの反応が必ずしも適切ではないということを示しています。私がお話ししているのはこのような組み立てのことではありません。

欲動の組み立てはまず第一に頭もなければ尻尾もない――シュールレアリストのコラージュにおける組み立てについて言われる意味で――ものとして表されるようなもので

す。欲動の「衝迫Drang」という水準、欲動の対象という水準、欲動の目標という水準で我われが今しがた定義してきた逆説的側面をよく見てみるならば、そのイメージはガス栓に繋げられた発電機から孔雀の羽が出てきて、そこに飾り物のようにじっと横たわっている美女のおなかをくすぐるというようなものでしょう。フロイトによれば、そのようなメカニズムがそれによって転倒されるような形式のすべてを欲動が決定しているからこそ事態はいよいよ面白くなるのです。だからといって、それは発電機をひっくり返すという意味ではありません。そうではなくて、その線を延ばし、その線が孔雀の羽となり、ガス栓が婦人の口を通って、鳥の尻の部分が途中から出ているといった具合です。

フロイトが例として展開しているのはこのようなことです。次回までにフロイトのこのテクストを読んでください。お互いきわめて異質なイメージが、つねに何の繋がりもなく飛躍しているのを見ることでしょう。こういったことが可能なのはただ文法と関連させることによってだけです。この文法的な参照によって次回その策略をつかむことがみなさんにとって容易となるでしょう。

実際、いったいどうしてフロイトがこの後しているように露出は窃視の反対であるとか、マゾヒズムはサディズムの反対であるとか単純に言うことができるのでしょうか。フロイトがこのようなことを言うのは、たんに文法的な理由から、つまり主語と目的語とを、あたかも文法上の目的語と主語とが現実的な機能を持っているかのように、転倒することによってなのです。事態はそんなものではないことを示すのは容易なことです。我われのランガージュの構造を参照してみるだけで、こうした推論が不可能であることを示すには十分です。しかし、こうした操作をめぐってフロイトが欲動の本質に関してもたらしているものは、私が次回行為の軌跡図として定義しようとしているものです。

質疑応答

グリーン博士——あなたが強調されたことのうちで明らかにきわめて重要と思われる点があります。つまり、欲動を特徴づける四つの性質は非連続的な要素として考えられるべきであるということです。私の質問は衝迫という要素に関するものですが、今日のお話の中ではあなたはこの要素をちょっと脇におかれました。それは、この要素はあまりに近道すぎて、結局我われに道を誤らせるとお考えになったからだと思います。しかし、あなたがおっしゃったように、もし欲動が結局は非連続的なものの組み合わせをすることを余儀なくされるとしたら、システムのエネルギーに内在する矛盾《コントラディクション》という問題が出てきます。というのも、このエネルギーは、恒常的であると同時に変化を免れないある力と考えられるからです。できることなら、この問いを詳しく説明していただきたいと思います。この問いは、私にとってはきわめて重要でありながら、お話を聞いてもよく理解できない点、つまり経済論的観点と関わっているからです。

そう、その点にいずれ行き着くでしょう。そうすれば、私がどのような切り口からお話ししているかお解りになるでしょう。それに、私の論文をお読みになれば容易に予想できると思います。手がかりとなる参照項がありますが、それに言及しようとは思いませんでした。時間がありませんでしたし、触れなくてもすんでしまったからです。たいていの場合私は、ここでは、みなさんの反応に応じて道を進めています。その参照項とはエネルギー論のある章を参照することです。

閉じた系において、きわめて近い点に対していかなるポテンシャルエネルギーを持っているかを各点について記入する方法があります。それを、スカラー表記とかスカラー評価と言ったりします。そうすると、あらゆる点はある導関数によって定義することができます。微積分において、これは無限に小さな変分の値を求める一つの方法であることはご存じでしょう。ですからあらゆる点にとって、隣接する傾きに対して一つの導関数がある、ということになります。そしてこの導関数は、その領野のあらゆる点について表記することができます。この導関数はベクトルという形で記入することもできます。そしてそれらのベクトル全体を合成することができます。だから、一見奇妙に見えるけれども間違いなく基本的なものと考えるべきある法則が存在します。このベクトル――ポテンシャルエネルギーという観点で領野の各点について導関数の合成がこのベクトルを作っているのですが――について、ある面を越えるもの――この面とは、裂け目は縁《ふち》という構造によって定義されますから、私としては裂け目と呼ぼうと思うものにほかなりませんが――、それはこの同じ面に対してはある定数です。系のバリエーションは、そのなりうるものの総体のことですから、ポテンシャルの積分の水準にあるもの、つまり方向量《フラックス》と呼ばれているものは、したがって恒常的です。

ですから欲動の「衝迫 Drang」において我われにとって重要なことは、「源泉 Quelle」との関係の中に含まれうるものであり、ただそれだけです。というのは「Quelle」は欲動の経済の中にこの縁の構造を記入するものですから。

生体の全体の中に記入されている生理学的な諸変化、深層の諸変化は、欲動に関して生み出されうるあらゆるリズムや、さらには放出に従属しています。逆に欲動の衝迫、「Drang」を特徴づけるのは、恒常性が維持されていることであり、この恒常性は、それにふさわしいイメージを挙げるとすれば、ある点までは、個別化された開けに応じて維持されるものです。つまり人々はさまざまな程度に口達者だということです。分析家の選択に際しそのことを時には考慮に入れる必要があるとも言えましょう。しかし結局そういうことは、他のこととの関連で扱うべきことです。

以上のことは、あなたの質問に完全に答えたことにはなりませんが、あなたがおっしゃった矛盾《アンチノミー》に合理的な解決を与える糸口になると思います。しかし、これはまさに私が未解決のまま残した事柄です。というのは、私は、フロイトが強調したことを強調してきたからです。つまり、系が「環境世界 Umwelt」と結びついて機能するときには放出が問題であり、「欲動刺激 Triebreiz」が問題のときにはそこに障害物が存在する、ということです。このことは、人が注意を向けようとしない点です。しかし、このことはどういうことを意味しうるのでしょう。それは、備給が領野それ自体の中にあるだけなら、障害物などないということです。だから我われが指摘すべきことはこうなります。領野自体がこの備給を備えているかぎりでは、領野にとって障害物の働きは問題になりえない。

マチス博士――縁の構造について一つ質問します。口とか肛門が問題とされますが、この両極に性愛化を限定なさるのですか。そうすると、鼻をすったり、嘔吐をしたりするときに、食道とか胃とか気管の水準で起きていることはどこに位置づけられますか。そこには唇という水準であなたがおっしゃったこととはまったく異なる何かがあるのではないでしょうか。

私は管の中で問題となる二つの縁だけに限定しました。目脂のついた瞼の縁も耳も臍《へそ》も、同じように縁であり、それらすべては性愛《エロティシズム》というこの機能の中にある、と言ってもよかったでしょう。分析の伝統において我われはつねに、縁の機能へと縮減された帯域《ゾーン》という厳密に局限化されたイメージと関わっています。だからといって、我われの症候論において、他の帯域は関係がないということではありません。しかし、他の帯域が関わるのは、私が脱性化、つまり現実の機能と呼ぶ、失効した帯域としてだと我われは見なしています。

例を挙げましょう。ヒステリー者においては嫌悪反応と呼ばれるほど顕わな形で脱性化が出現しますが、それは、性的対象があまりに現実的なものになり、肉の固まりとして現れるからです。だからといって快はこれらの性源域にのみ限局されていると言っているのではありません。欲望は――幸い我われはこのことを知りすぎるほどよく知っていますが――別のこと、生体とはまったく別のことに関わっています。もっとも、欲望はさまざまな水準で生体を巻き込んでいますが。しかし欲動の中心的機能はどのような満足を生み出すべく定められているのでしょう。性源域に付属し密接に関係する帯域が排斥される程度に応じてこそ、それ以外の帯域がその性源的機能を獲得し、欲動に特有な源泉となります。お解りですか。

これら性源域とは別の帯域が、欲望の経済に関わってくるのは当然のことです。しかし、そういう帯域が出現するたびに何が生じるかをよく観察してください。さきほど嫌悪という例を挙げたのはわけがあってのことです。たしかに性化が失効する際に出現する二つの大きな欲望の斜面があります。一つは、性的パートナーを何であれ何らかの現実機能へと縮小してしまうことによって生じる嫌悪、もう一つは、視認の機能に関して私が「羨望 invidia」と呼んだもの、この二つです。羨望は視認欲動とは別のものですし、嫌悪は口唇欲動とは別のものです。

一九六四年五月六日

訳註

(1) Trieb は欲動、傾向という意味。物理学では「駆動」「伝動」といった意味がある。

(2) 立木康介訳、『フロイト全集13』岩波書店。原題は"Zur Einführung des Narzißmus"であるが、ラカンは微妙に言い回しを変えている。

(3) 新宮一成訳、『フロイト全集14』岩波書店。

(4) 聖書の句。「ペテロの第一の手紙」第五章第八節。

(5) 「欲動は対象の周りを巡る」という意味と「欲動は対象をトリックにかける」という意味とが込められている。

(6) ホメロス『オデュッセイア』第一歌。驚いたときや、他人の意外な、または不当な言葉を咎める折の定型句、「なんたる言葉がそなたの歯垣を洩れたことか」。松平千秋訳、岩波文庫、上巻、一四頁。

XIV　部分欲動とその回路

「全体的性衝動 die ganze Sexualstrebung」
あらゆる欲動は部分的である
欲動、性《セックス》、そして死
いわゆる諸段階
「視ることの快 Schaulust」
サド－マゾヒズム

弓には生命という名が与えられているが、その働きは死である。

τῷ τόξῳ ὄνομα βίος ἔργον δὲ θάνατος.

ヘラクレイトス、断片B48

『精神分析季刊誌 Psychoanalytic Quarterly』に掲載されているエドワード・グラヴ

ァー氏の『フロイディアンかネオフロイディアンか』という論文は――これはただアレクサンダー氏の理論構築に反対するためにのみ書かれたものですが――すでに時代遅れになった基準を盾にアレクサンダー氏の理論構築をけなしており、こういう論文を読むと風通しの悪いカビ臭さを感じずにはおれません。私自身も一四年前、一九五〇年の精神医学会議できわめて明確にアレクサンダーを批判しましたが[1]、何といってもこれは大いに才能のある人の理論構築です。この理論構築がグラヴァーの手にかかるとどんなレベルの議論にまで引き下げられてしまうかを目の当たりにすると、私の講義が、ここでもあそこでもいろいろな目に遭いながらもなお、分析経験がまったく矮小化されてみなさんに伝えられていくことに対して頑として抵抗していると言えることに、私は意を強くします。

さて、欲動の話に戻りましょう。私は、欲動の問題に取り組む前に、転移とは、無意識の現実――性であるというかぎりでの無意識の現実ですが――の現勢化を分析の中で明らかにするところのものである、と言いました。こうした断言が何を意味しているか、今しばらく足を止め考えてみることにしましょう。

我われが、性は転移という形で働いていると確信しているのは、ある瞬間において性が愛という形で公然と現れるからです。これは重要なことです。では愛は頂点であり、成就の瞬間であり、疑う余地のない要素であって、それが転移の「今ここ hic et nunc」という形で、性を現前化させている、ということでしょうか。

このことに対して、欲動とその変遷を論じているフロイトのテクスト――これは辺縁的な位置ではなく、間違いなく中心的な位置を占めるものです――はこのうえなく明確にそれに反論しています。

前回私は、欲動を導入することが、どんなに面倒で、また問題をはらんだことであるかをみなさんに感じ取っていただこうとして、このテクストに取り組みはじめました。みなさんのうちのかなりの方々が、この間にこれを読んでおいてくださったことと期待しています。ドイツ語の読める人は、それが断然望ましいことですが、それができない人も他の文化に属する二カ国語、すなわち英語あるいはフランス語でお読みになれたかと思います。ただ、どちらも程度の差はあれ不適切な翻訳です。もちろんより悪い点数をつけざるをえないのはフランス語訳です。そこに無数に見られるまったくの意味の変造をいちいち数え上げていたら日が暮れてしまうほどです。

ざっと目を通すだけで、このテクストが全体として二つの部分に分かれていることに気づかれるでしょう。「第一」は欲動の分解です。「第二」は「das Lieben」、つまり愛の行為についての検討です。この第二の点に取りかかりましょう。

1

フロイトがきっぱりと定式化しているように、愛を、彼が「全体的性衝動 ganze Sexualstrebung」の名で問いに付しているものの代表であると考えることは金輪際できません。「全体的性衝動」という考えにおいては、性的なものの努力の傾向、諸形態、収束性は、それらの本性と機能とを一つにまとめるような「Ganze」、つまり把握可能な全体へと完成していくとされます。

フロイトは、こうした周囲の示唆に答える形で、「しかし、それではうまくいかないkommt aber auch damit nicht zurecht」と断固として言います。このような示唆を、ごまかしでしかないあらゆる定式によって提出してきたのは、実は我われ分析家たちにほかなりません。フロイトの論文全体はむしろ我われに次のことを示しています。性の生物学的合目的性、つまり生殖に照らせば、心的現実の過程において現れてくる欲動は部分欲動である、ということです。

欲動はその構造、つまりそれが作り出す緊張という点で経済論的要因に結びついています。この経済論的要因は快原理がある水準で働くという条件にしたがいますが、我われはこの水準について適切な時点で「現実自我 Real-Ich」の名のもとに再び取り上げることになります。さしあたり言いうることは、機能しつつある中枢神経系としての「現実自我 Real-Ich」を、関係のシステムとしてではなく、内的緊張の一定のホメオスタシスを維持するためのシステムとして考えることができる、ということです。

性が部分欲動という形でしか機能することができないのは、このホメオスタシスのシステムの現実ゆえです。欲動とは組み立て《モンタージュ》であり、この組み立てを介して性が精神生活に関与するのですが、その際それは、無意識の構造そのものである裂け目の構造に当然合致する形で関与してきます。

精神分析経験の二つの極のそれぞれに身を置いてみましょう。原初に抑圧されたものは一つのシニフィアンです。そしてそのうえに築き上げられてやがて症状を構成するに至るもの、それもやはりシニフィアンの積み上げである、と考えることができます。抑圧されたものと症状とは同質であり、ともにシニフィアンの諸機能へと還元することができます。それらの構造は構築物全体としては次々と築き上げられていきますが、究極的には共時的な形の中に書き込まれうるものです。

他方の極に解釈があります。解釈は一つの特別な時間的構造を持つ要因と関わっており、その要因を私は換喩によって定義しようとしました。解釈は最終的にはこの欲望に印をつけます。ある意味で解釈は欲望と同一です。欲望、それは要するに解釈そのものなのです。

この二つの間に性があります。もし性が部分欲動という形をとって、この二つの間の経済全体を支配するものとして姿を現しているのでなかったとしたら、我われの分析経験は一つの占術へと変性してしまうでしょう。占術には、心的エネルギーといった中立的な用語がふさわしいでしょうが、それでは性の現前、あるいは性の「現存在 Dasein」を構成しているものが欠落してしまいます。

無意識のメカニズムを解釈する際に性《セックス》を読み取ることができるのは、つねに遡及的にです。部分欲動が実際に大事なところで介入したことを生活史のあらゆる瞬間に確証することはできないとしても、このような遡及的な読み取り可能性は解釈のまさに本性に属することだと言えましょう。それに、この欲動の介入は、分析経験の初期に信じられていたような、安定性のないものではありません。幼児の性とは、成人の性という氷塊から迷い出てきて未熟な主体に誘惑として降りかかる流氷片のようなものではないのです。このことは分析の中でただちに明らかになりました。そして、このような幼児の性が残している深い刻印に我われは事後的に驚かされることになります。

『性理論のための三篇』においてすでにフロイトは性を本質的に多形的で逸脱したものとして提示しています。いわゆる幼子の無垢という魅惑は打ち砕かれました。この性はひじょうに早く、ほとんど早すぎるくらいに生じてくるので、それが本質的に何を表しているのか検討すらされませんでした。実はそれは、性という審級に対しては子供から大人まですべての主体が同じ条件のもとに置かれているということ、すなわち主体が性と関わりを持つのは主体の構成の網目に、シニフィアンの網目に入ってきた性に対してのみである、ということを表しています。性は部分欲動であるかぎりでの欲動の働き、性の生物学的合目的性から見て部分的であるかぎりでの欲動の働きによってのみ実現される、ということです。

欲望の弁証法への性の統合は身体の中の装置(アパレイユ appareil)と呼びうるものの働きを経由します。アパレイユと言いましたが、これは、それによって身体と身体が番《つがい》になるもの(サパリエ s'apparier)ではなくて、身体が性に関して身にまとう(サパレイエ s'appareiller)ものであると読み取るとき、この語はふさわしいものとなるでしょう。

性欲動についての議論はきわめて混乱していますが、それは、欲動はたしかに生命体における性の達成曲線を表してはいるが、表す「だけ」で、しかも部分的にしか表さない、ということを人々がよく解っていないからです。性欲動の終着点は死であることに驚くべきではありません。生あるものにおける性《セックス》の現前は死へと結びついているのですから。

私は今日黒板にヘラクレイトスの断片の一つを書いておいてもらいました。この句は、ソクラテス以前の時代から断片的に残されているものを集大成したディールスの記念碑的な労作に収められています。ヘラクレイトスの知恵の教えは科学的操作の堂々巡りに先んじてまっすぐに目的に達していますが、この言葉もその知恵の教えの中から我われに届いたものです。彼はこう書いています。「ビオス Biós つまり弓には生命つまりビオス Bíos」——こちらはアクセントが第一音節にありますが——「という名が与えられているが、その働きは死である」と。

欲動がその存在のうちに最初から統合しているもの、それは一種の弓の弁証法です。

私は弓術の弁証法とすら言ってよいと思っています。それによって、我われは欲動の座を心的経済の中に位置づけることができます。

2

フロイトはきわめて伝統的な道を通って、すなわちラングという手段をあらゆる角度から駆使しながら、我われを欲動へと導いています。彼はためらいもなく、いくつかの言語体系にしか属していない能動・受動・再帰という三つの態をもとに話を進めています。しかし、これは見かけにすぎません。これらの態におけるシニフィアンの逆転と、フロイトがこの逆転を借りて示そうとしたものとは別のことだと考えなければなりません。あらゆる欲動の水準において根本的なこと、それは欲動が構造化される往復運動なのです。

フロイトがこの往復の両極を動詞を使ってしか示しえなかったことは注目に値します。「見ると見られる beschauen und beschaut werden」「苦しめる quälen」と「苦しめられる gequält werden」です。フロイトはこうしてはじめから、欲動の経路のどの部分も往復ということから、根本的な逆転から、循環的性質から分離しえないということを、当然のこととして示しているのです。

同様にまたこの「反転 Verkehrung」の次元を描出するためにフロイトが、一つには「Schaulust」つまり見ることの快を選び、もう一つには二つの項の並置によってしか指し示しえないもの、つまりサド－マゾヒズムを選んだ、ということも注目に値します。彼がこの二つの欲動について、とりわけマゾヒズムについて話を進めていくとき、彼はこれらの欲動の中には二つの時機があるのではなく、三つの時機があるということを強調しています。欲動の回路における回帰と、第三の時機に現れてくるもの──「現れない」ことも含めて──とは、区別しなければなりません。つまり、「新しい主体 ein neues Subjekt」の出現は次のように理解しなければなりません。一つの主体、すなわち欲動の主体がすでに前から存在しているというのではなくて、ここで新たに一つの主体が現れるのを見る、ということです。この主体は、これはまさしく他者なのですが、欲動がその循環的行路を閉じることができたというかぎりにおいて現れます。他者の水準に主体が現れることによってのみ、欲動の機能というものが実現しうるのです。

させてみなさんの注意を促したいのはこの点です。ここをご覧ください。黒板に、上昇して再び下降する矢印の曲線による回路が描いてあります。元来この曲線は「衝迫Drang」であり、前回私が縁《ふち》として定義したものによって構成されるこの面を横切っています。縁はこの理論の中で源泉、つまり「Quelle」として、欲動における性源的と呼ばれる帯域として考えられています。緊張はつねにループをなすものであり、性源域へ回帰するということと不可分に結びついています。

ここで「目標を制止された zielgehemmt」という満足達成形式の謎が明かされます。

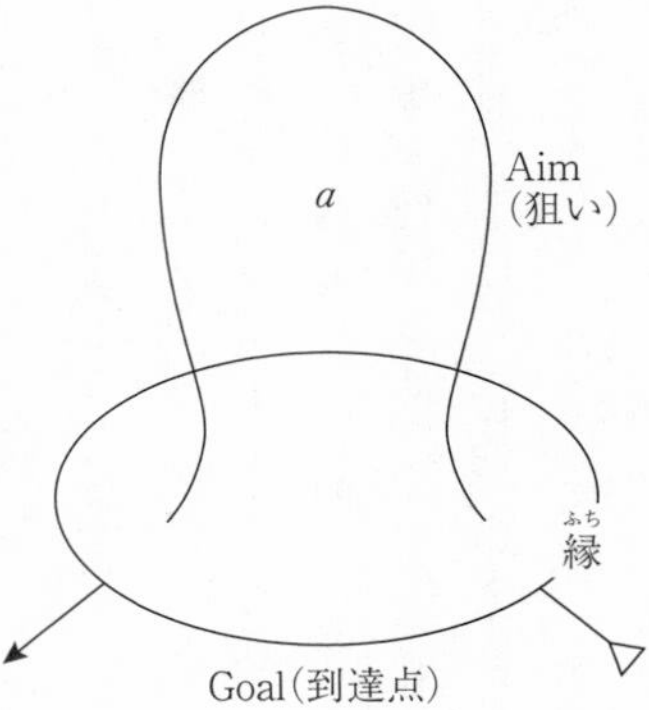

つまり欲動は、番《つがい》になって appariage 生殖するという生物学的機能によって定められた目標に到達することなしに自分の満足を得てしまう、という形式を取ることができるわけです。なぜならそれは部分欲動の目標ではないからです。では部分欲動の目標とは何なのでしょうか。

その答えを出す前に、この目標という語、そしてそれが表しうる二つの意味を検討してみましょう。二つの意味を区別するために、私はそれらが特にはっきりと現れている言語、つまり英語で記してみようと思います。「狙いaim」、それはみなさんが使命を託した誰かが何をもたらすべきかということではなくて、どんな道を通過しなければならないか、ということを意味します。「aim」、それは行程です。目標はもう一つの形式、つまり「到達点goal」を持っています。「goal」もまたやはり弓術における的《ビュ》ではありません。それは射落とす鳥そのもののことではなくて、事を成就することであり、それによって目標に到達した、ということになるのです。

生物学的機能の全体性ということからみれば欲動は生殖という目的においての満足であってもよさそうなものですが、欲動はそこに到達しないままに満足させられるのです。それはまさに欲動は部分欲動だからであり、その目標はこうして回路を描いて回帰すること以外のなにものでもないからです。

この理論はフロイトの中にあります。どこかでフロイトが言っていました。自体愛に与えうる理想のモデルは自分で自分に接吻している口であろう、と。フロイトの筆になるものがいつもそうであるように、この隠喩もほとんど眩いばかりに光っています。ここに付け加えるべきは次のような疑問しかありません。欲動の中では、この口は矢を突き通された口、つまり縫い合わされて噤《つぐ》んだ口ということにならないか、という問いです。精神分析の間のある種の沈黙においては、口唇欲動の純粋な審級が、己れの満足を閉じ込めつつ、最大限に尖鋭化するのを目にすることがありますが、それこそこのような噤んだ口なのではないでしょうか。

いずれにしても、欲動の満足を性源域のたんなる自体愛から区別するものは対象ですが、欲動は、この対象のうえに閉じると誤解されています。実際はこの対象はうつろの現前、空の現前にすぎません。それは、フロイトが言うように、どのような対象によっても占められます。対象 a は口唇欲動の起源ではありません。始原的食べ物という資格ではできません。我われはこの対象の審級を失われた対象 a という形でしか知ることの対象が導入されたわけではありません。それが導入されたのは、いかなる食べ物も決して口唇欲動を満足することはなく、永遠に欠如しているこの対象の周りを巡るほかはないからです。

我われにとって次の問題は、欲動の回路がどこへ繋がっていくか、ということです。そしてとりあえずは、この回路が螺旋状の形を取っているのかどうか、言いかえれば次の段階である肛門欲動へと口唇欲動の回路が続いているのかどうか、ということです。この繋がりの中には対立から生じる弁証法的前進でもあるのでしょうか。これはすでにある種の人々にとってはお手上げの問題に違いありません。なにしろ彼らは、何やらありがたそうな発達の謎という名によって、この欲動の問題がすでに生体の中に既成のこととして書き込まれているかのように我われに思い込ませようと腐心してきたのですから。

この種の考え方は一見すると、性のいわゆる完成した発現に関して我われが関わっているのは器質的なプロセスである、という事実によって支持されるように見えます。しかし、他のさまざまな部分欲動間の関係にまでこの事実を広げてよいという理由はどこにもありません。ある一つの部分欲動が、次の部分欲動を生み出すような関係はありようがないのです。

口唇欲動から肛門欲動への移行は成熟の過程によって起こるのではなく、欲動の領野には属さないものの介入、すなわち〈他者〉の要求の介入やその反転によってなされます。一連の系列とみることもできる他のさまざまな欲動——その数はそれほど多くはありませんが——を介入させてみれば、「視ることの快 Schaulust」あるいは視認欲動や、私がいずれ祈願欲動として明確にしようと思っている欲動を、今まで名を挙げた欲動との関係で歴史的継起にしたがって位置づけようとしても、それらの間に演繹関係や発生関係など決して作れず、我われが当惑してしまうことは明らかです。

口唇欲動から肛門欲動への自然なメタモルフォーズなどありえません。いわゆる肛門的対象つまり糞便は、別のコンテクストでは、切り離しうるものとしてのファルスとの間に象徴の機能をときに共有しているように見えることがあるとしても、経験が示すように肛門期と男根期との間に連続性とか自然のメタモルフォーズの関係があると考えるわけにはいきません。

我われは欲動を「恒常的な力 konstante Kraft」という見出しのもとに考えてみなければなりません。この力が不変の緊張として欲動を支えているのです。フロイトがこれらのいくつかの出口――彼は「押し出し Schub」と言っていますが――を表現するために示している隠喩にも目を向けておきましょう。フロイトはこれを彼の心の中のイメージによって、つまり溶岩の噴出、エネルギーの爆発による物質の放散というイメージによって伝えています。さまざまな時機に継続的に起こるエネルギーの爆発です。このような時機は、次から次へと生ずることによって、あの回帰の行程を別の面から表現しています。このフロイトの隠喩の中に、次のような根本的な構造が具現化されているではありませんか。何かが縁から出て、回帰の形を取る行程を辿ることによって、縁の閉じた構造を二重化します。この行程の一貫性を保証しているのは対象にほかならないのですが、それはその周りを迂回すべきものとしてのなにものかとしてです。

このように考えると、欲動の現れは無頭の主体というあり方として捉えざるをえません。なぜなら、そこではすべてが緊張ということでしか語られず、トポロジー的な共通性によってしか主体と関係を持たないからです。私はみなさんに無意識はシニフィアンの備給の配分によって主体の中に設立された裂け目に位置している、と言いました。この裂け目は一つの菱形〔◇〕としてアルゴリズムの中では描かれます。この菱形を私は、現実と主体との間の無意識の関係全体の核心に据えます。欲動が無意識の働きという形でその役割を果たすのは、身体の装置の中の何かが同じ仕方で構造化されているからであり、またそこに関わるいくつかの裂け目がトポロジー的に一致しているからです。

3

ではフロイトが「視ることの快 Schaulust」について、つまり見ると見られるについて語っているところにしたがって進みましょう。見ると見られる、これは同じものでしょうか。シニフィアンによってそれを書き表すということなしに、同じものだという主張を支えることなどいかにしてできるのでしょうか。あるいはそこに何か別の謎があるのでしょうか。実はまったく別の謎があるのですが、その手がかりをつかむためには、「視ることの快 Schaulust」が倒錯において現れることを考えていただきさえすればよいでしょう。欲動は倒錯ではない、ということを強調しておきます。フロイトの論議に謎めいた性格が見られるのは、フロイトが、まだ主体が位置づけられていないような根源的な一つの構造を示そうとしているからです。逆に、倒錯を倒錯たらしめているのは、主体がその構造の中に自分を位置づけるその方法です。

フロイトのテクストは注意深く考察しなければなりません。フロイトのテクストの貴重な点は、材料を切り開いていくときに、ちょうど優れた考古学者がするように、発掘の成果をそこにそのまま残しておくということです。ですから、たとえその発掘が未完に終わったとしても、掘り出された対象が何を意味しているのかを知ることができるわけです。これがフェニヒェルのような人の手にかかると、かつて考古学でなされていたように、何もかもかき集め、順序も何もなく、あるいは勝手な順序をつけて、自分のポケットやガラスケースの中にしまい込んでしまいます。そしてもはや何もそこに見つけることができなくなってしまいます。

窃視症で起こっているのはどんなことでしょうか。窃視者の行為の際に主体はどこに、そして対象はどこにいるのでしょう。申し上げたとおり、見るということが、見る欲動の水準において問題になっているかぎり、そこに主体はいません。主体は倒錯者としてそこにいますが、彼はループの結末のところにしか位置づけられません。対象の方はどうかといいますと――このことは黒板に描かれた私のトポロジーではお見せできませんが、これを受け入れる助けにはなると思います――対象をめぐってループは回りますが、対象はミサイルであり、倒錯では、対象でもって的に到達しているのです。

窃視症では対象は眼差しです。眼差しは主体であり、これが窃視者に到達し、射当てるのです。サルトルの分析について述べたことを思い出していただければよいでしょう。サルトルの分析の中で眼差しの審級が浮かび上がっているとしても、それは鍵穴から見ている主体を不意打ちする眼差しの他者の水準にあるのではありません。他者は窃視者を、すっかり隠された眼差しとして不意打ちにするのです。

ここでは、視認欲動について語られるときにつきものの両義性がはっきりと捉えられます。眼差しこそ、あの失われた対象です。そしてこの失われた対象は、他者の導入によって、恥による動転という形で突然再発見されます。そこに至るまでの間、主体は何を見ようとしているのでしょうか。よくお聞きください、主体が見ようとしているものは不在としての対象です。窃視者が探し求め見出すもの、それは一つの影、カーテンの背後の一つの影にすぎません。彼はそこにどんな現前の魔法でも幻想できるでしょう。たとえ向こう側にいるのが毛むくじゃらのスポーツマンだったとしても、もっとも優雅な美人を幻想できるでしょう。彼が探し求めているものとは、よく言われるファルスではありません。ファルスではなくファルスの不在なのです。このことから、窃視者の探求の対象としていくつかの形態が特に好まれる、ということが理解できます。

人が眼差すもの、それは見られえないものです。他者の導入のおかげで欲動の構造が現れるとすれば、その構造はその反転ないし回帰の形においてしか完成されません。回帰の形こそ真の能動的欲動なのです。露出症において主体が狙っているのは他者の中で実現される何かです。その欲望の真の狙いは、その場に巻き込まれることを越えて強制された他者です。この他者はたんに露出症に巻き込まれた犠牲者ではなくて、そういう自分を眼差す誰か別の人へと委ねられてしまった犠牲者です。

このようにして我われは、マゾヒズムの理解をあれほど妨げているものの鍵、そして結び目をこのテクストの中に見出します。フロイトはこのうえもなくきっぱりと、サド－マゾヒズム的欲動の出発点において苦痛は何の役割も演じていない、と述べています。問題は「支配 Herrschaft」であり、「制圧 Bewältigung」であり、また暴力です。何に対する暴力なのでしょうか。それはあまりにも名づけにくいものなので、フロイトはその最初のモデルを――これは私が述べていることに全体として合致するモデルですが――主体が自分自身に対して支配を目的として行う暴力の中に求めることへと歩を進めます。しかし、これは同時にフロイトの退却でもあります。

彼はここで退却しています。そうするだけの理由があります。自分を鞭打つ苦行者は、第三の者のためにそれをしています。しかし、フロイトがここで把握しようとしているのは、そのことではありません。むしろフロイトはただ、欲動の始まりと終わりが自分自身の身体へと挿入され、回帰することを指摘したいのです。

「サド－マゾヒズムの欲動において苦痛の可能性――可能性というのは、その時点で欲動の主体となった者が被る苦痛の可能性のことですが――が導入されるのはどのような時点においてだろうか」、とフロイトは問うています。そして、それはあのループが再び閉じるときであり、一つの極からもう一つの極へと逆転が生じたときであり、また他者が作用しはじめて、主体が欲動の終極として、終点として捉えられたときである、と彼は述べています。このときにこそ他者について主体が感じる苦痛が作用しはじめるのです。このような理論的演繹においては主体はサディズムの主体ということになるでしょうし、なりうるでしょう。なぜなら、欲動のループの完成によって他者の行動が作用しはじめるからです。ここに至って欲動において何が起きているかが明らかになります。欲動の道、それは、主体に許された唯一の、快原理に対する侵犯の形式なのです。主体は、自身の欲望が他者の享楽を引っかけて釣る空しい回り道にすぎない、と気づくでしょう。他者が介入してきた以上、主体は快原理の彼岸に一つの享楽があることに気づくだろうからです。

部分欲動の影響による快原理の捩じ曲げということによって、我われは次のことを理解できます。つまり部分欲動は両義的であり、「自己保存欲動 Erhaltungstrieb」、つまりホメオスタシス維持の限界《リミット》に、すなわち性という隠された姿によるその捕獲の限界に位置する、ということです。

欲動が快原理の捩じ曲げを証言するかぎりでこそ、「現実自我 Real-Ich」の彼岸にもう一つの現実が介入していることが、我われに対して証言されるのです。このもう一つの現実が最終的にどのような回帰によって、この「Real-Ich」にその構造と多様性を与えたのかをのちほど見ることにしましょう。

質疑応答

J＝A・ミレール——私の質問は欲動と現実的なものの関係について、ならびに欲動の対象、幻想の対象、欲望の対象の間の相違についてです。

欲動の対象は、私が隠喩的に無頭的主体化と呼んだものの水準に据えることができます。これは主体なき主体化、骨、構造、軌跡であり、トポロジーの一つの面を表しています。トポロジーのもう一つの面は、主体はそのシニフィアンとの関係によって穴のあいた主体である、ということを示す面です。これらの穴はたしかにどこかからやってきたものです。

フロイトはその初期の理論構築において、言いかえれば彼のシニフィアンの交わりの初期の網目が落ち着きはじめた頃に、主体の中に、私がホメオスタシスと呼んだものを最大に保とうとする何かがあることに目をつけています。これはたんに、一定の興奮閾値の超過のことを言っているのではなく、興奮路の配分をも言わんとしています。フロイトが使った隠喩によりますと、これらの興奮路には一定量の備給を維持し、さらにつねに等しく散らばらせるのに適した口径が与えられています。

フロイトはどこかではっきりと述べていますが、快原理を維持するためには抑圧されなければならないものが性の中にあって――つまりリビードですが――その圧力によって心的装置自体の進歩が促されるのです。たとえば、心的装置の中に「Aufmerksamkeit」と呼ばれる備給の可能性、つまり注意力の可能性が生まれるのも、このようにしてなのです。「Real-Ich」の働きは快原理を満足させると同時に、性の高まりによって防衛なしに備給されるという二重の決定を被っており、このことが「Real-Ich」の構造を作っているのです。

この水準ではまだ必ずしも主体の主体化を勘定に入れる必要はありません。主体は一つの装置です。その装置には空隙があって、その空隙の中に、主体は失われたものとしての何らかの対象の機能を作り出します。欲動のうちに現前するものとしての対象 a の境位がこうして作られます。

幻想の中では、主体はしばしば気づかれぬままになっています。しかし主体は、夢の中であれ夢想の中であれ、さまざまな程度に発展した何らかの形態において、つねにそこにあります。主体は幻想によって決定されたものとして自らをそこに位置づけているのです。

幻想が欲望の支えです。対象は欲望の支えではありません。主体は、たえず複雑さの度合いを増していくシニフィアンの集合との関係で、欲望するものとして自らを支えています。このことは、主体が身にまとっているシナリオという形でよく見て取ることができます。このシナリオの中で主体は多少とも認識される形でどこかにいるのですが、もはや真の姿を見せない対象との関係で分裂し、分割され、通常は二重化されています。

次回にもまた、私の言う倒錯の構造のお話をすることになるでしょう。この構造はまさしく幻想の効果の裏返しです。主体性の分割に出会ったときに、自分自身を対象として決定するのが倒錯の主体です。

今日は残念ながら時間の制約のために、そこに注意を向けることしかできませんでしたが、この対象の役割を引き受けた主体こそがまさしくいわゆるサド－マゾヒズム的欲動の状況の現実を支えている当のものであり、またそれはただ一つの点、つまりまさにマゾヒズム的状況においてしか存在しない、ということを申し上げておきます。サドーマゾヒズム的欲動が閉じるというだけでなく、そもそもそれが構成されるのは、主体が他の意志の対象となる、というかぎりにおいてのことなのですから。

第二の時機においてやっと、フロイトがこのテクストで示しているように、幻想との関係を持ちながらサディズムの欲望が可能になってきます。サディズムの欲望は多種多様な形態をとって存在しています。神経症においてもそれは見られます。しかしそれはまだ本来の意味でのサディズムではありません。

『カントとサド』という私の論文を参照してください。サディスト自身がそうとは知らずに対象の座を占めていることがお解りになるでしょう。彼は、ある他者のために対象の座を占め、その他者の享楽のためにサディストという倒錯者の行動を行っているのです。

したがってここにも、欲望の狙いの中には決して入ってこない対象 a の機能のいくつかの可能性が見られます。対象 a はあるときは主体以前のものであり、あるときは主体の同一化の基礎であり、またあるときは主体によって否認された同一化の基礎です。この最後の意味でサディズムはマゾヒズムの否定でしかありません。この定式はサディズムの真の本質に関する多くのことを明らかにしてくれるでしょう。

しかし、欲望の対象は常識的な意味においては、欲望の「支え」であるところの幻想であるか、何らかのルアーであるかのどちらかだとされます。

このルアーという主題は、あなたがさきほど主体と現実的なものとの関係に関して提起されたようなあらゆる前提的な問題を投げかけますが、この主題については、フロイトが愛に関して述べている分析に依拠して我われはさらに突っ込んだことが言えるでしょう。

フロイトは、愛の弁証法を導入するには「自我 Ich」と現実的なものとの関係を参照する必要がある、と考えましたが――もっとも、厳密に言うと中立的な現実的なものとは脱性化された現実的なものです――、フロイトが感じたこの必要性は欲動という水準で生じてきたものではありません。ここには、我われが愛の機能、つまり愛の根本的にナルシシズム的な構造に関して考えねばならない事柄にとって、このうえなく豊かなものが含まれています。

何か現実的なものがあるということ、それは絶対に疑いえません。そして主体がこの現実的なものに対して、快原理への密接な依存、しかも欲動によって捩じ曲げられないような快原理への密接な依存、という形でしか構築的関係を持たないこと、ここにこそ——次回に見ることになるように——愛の対象の出現の点があるのです。問題は、この愛の対象がいかにして欲望の対象に類似した役割を果たすようになるのか、つまりどのような多義性のうえに愛の対象が欲望の対象になる可能性が開かれるのか、ということです。

私の説明はあなたにいくぶんかの光明をもたらしましたか。

——いくらかの光明といくらかの影を……。

一九六四年五月一三日

訳註

（1） J. Lacan, "Intervention au Ier Congrès mondial de psychiatrie", *Autres écrits*, Éditions du Seuil, 2001.

XV　愛からリビードへ

主体と〈他者〉
ナルシシズム的領野
性差
欲動の領野
――自分を(に)見させ、聞かせ、吸わせ、排泄させる
薄片《ラメラ》の神話

今日は、愛からリビードへとみなさんをお連れしようと思っています。もっとも、それをするだけの時間があるかどうか解りませんが。前回は愛の入口あたりで終わりになってしまいました。

まず次のように申し上げておきましょう。これは、今回解明しようとしていることの中心になると思います。すなわちリビードは捉えどころのない、流動的なものではなく、

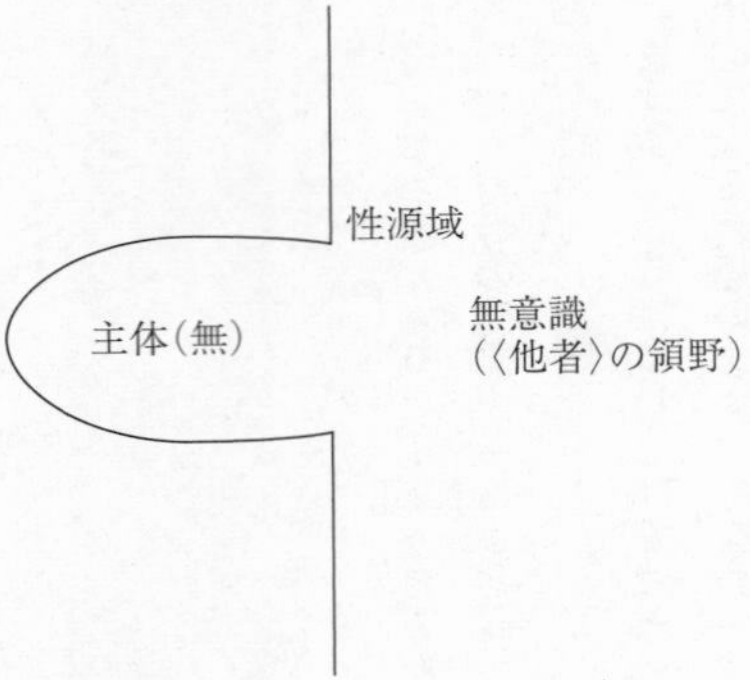

また、主体がそれに集束の中心を与え、そこで磁気のように分割されたり、蓄積されたりするものでもありません。むしろリビードは、生体の部分としての器官であると同時に、手段としての器官であるという二重の意味で器官として理解されるべきものです。

前回誰かが言っていたように、みなさんをお連れしている道にいくつか暗がりがあるとすれば、お詫びしましょう。しかし、それは我われの領野の特色だとも思っています。以下のことを忘れないようにしましょう。無意識はしばしば地下倉として想い描かれます。プラトンの洞窟からの連想で洞窟として想い描いてもいいと思うのですが、それはあまりされません。しかし、地下倉も洞窟も、あまりいい比喩ではありません。無意識はむしろ袋のようなものなのです。その袋は、中に小さな明かりを入れれば、ランタンとして使うことができます。明かりが灯されるのにしばしば少し時間

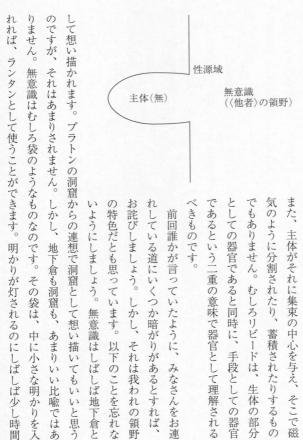

がかかるとしても不思議ではありません。

無意識の拍動によって交互に現れたり隠れたりする主体において、我われがつかむことができるのは部分欲動でしかありません。「全体的性衝動 ganze Sexualstrebung」、つまり性欲動全体の表象ですが、フロイトは主体においてはそのようなものはないと言っています。私はこの結論への道をフロイトにしたがってみなさんとともに歩いていこうと思います。そして、私が自身の分析経験から学んだことすべてがこの結論と合致しているということをはっきり言っておきましょう。そうはいっても、ここにいらっしゃるみなさんがすべて完全にこれに同意することを望むわけにはいかないでしょう。なかには分析経験を持っていない人もいらっしゃるでしょうから。しかし、みなさんがここに出席しているということ自体が、我われが誠実さと呼ぶことになるもの――みなさんに対する私の役割、つまり〈他者〉という役割という点で、ですが――に対するある種の信頼を保証してくれています。もっとも、この誠実さは、おそらくつねに不安定で、想定されただけのものです。というのは、主体から〈他者〉へのこの関係は、結局どこかで終わるものなのでしょうから。

主体はランガージュの効果によって分裂させられているがゆえに不確実さの中にある

ということ、これが、フロイトの発掘現場を踏査しながら、私、ラカンが、みなさんにお話ししていることです。パロールの効果によって主体は〈他者〉の中でつねによりいっそう実現されますが、そこで主体が追求するのはもはや自身の半分でしかありません。主体が自らの欲望を見出すとしても、それはパロールという限定された換喩の形で、ますます分割されて粉々にされたものとしてだけです。ランガージュの効果はつねに次のことと混ざり合っています。そしてこれが分析経験の土台です。つまり、主体《シュジェ》は〈他者〉の領野に従属《アシュジェティスマン》しているというかぎりで主体であるということ、すなわち主体は〈他者〉の領野への共時的従属に由来している、ということです。それゆえ、主体はそこから抜け出さなくてはなりません。この困難な状況を切り抜けなくてはなりません。そして、「困難な状況を切り抜けている」うちに、現実の〈他者〉も主体とまったく同様に困難な状況を切り抜け、窮地を脱しなくてはならないということを、主体は結局知ることになります。そこでこそ誠実さが必要となるのです。その誠実さは、欲望の道に対する困難さに巻き込まれているのは〈他者〉においてもまた同じである、という確信に基づいているのです。

真理とは、この意味で、真理の後ろを走るものです。だから、私は走ります。みなさんを、アクタイオン(1)の犬たちのように、ひき連れて走ります。私が女神の隠れ家を見つけたとき、おそらく私は鹿に変身し、みなさんは私を貪り食うことができるでしょう。しかし、我われの前には、まだもう少し時間があります。

1

さて、私は先回アブラハムやイサクやヤコブといった人物像を念頭に置いてフロイトについてお話ししました。レオン・ブロアは、『ユダヤ人による聖体降臨式』という著書の中で、それら三人の人物をいずれも老人として描いています。老人たちはそこでは、イスラエルの天職の一つの形に倣い、何らかの覆い布を囲んで骨董屋と呼ばれるあの古来の仕事に打ち込んでいます。彼らは、さまざまな品物を並べ、ある品物をこちらに置いたり、他の物をあちらに置いたりしています。フロイトは、一方に部分欲動を置き、もう一方に愛を置きます。そして、「この二つは同じものではない」と言うのです。

欲動は性の次元で我われを必要としています。それは心臓からやってくるのです。そして、これには大いに驚くのですが、フロイトは、一方、愛は腹からやってくると言うのです。腹、つまりおマンマです。

これはびっくりすることではありますが、分析経験について何か基本的なことを我われに明らかにしてくれます。つまり、性器期的欲動は、もしそれが実在するとしても、まったく他の欲動のようには分節化されていない、ということです。しかもそれは、愛と憎しみの両価性ということがあるにもかかわらずそうなのです。フロイトは、彼の前提においても、彼自身のテクストにおいても矛盾しています。というのは、フロイトは、両価性は欲動の「逆転 Verkehrung」の一つの特徴と見なすことができると言う一方で、両価性と逆転とはまったく別のものだ、と述べているからです。

そこで、もし性器期的欲動が実在しないとしたら、別の場所、欲動のある側、つまり黒板の私のシェーマでいうと左側とは反対の側に形成されるしかありません。性器期的欲動が形成されることになるのは、右側、つまり〈他者〉の領野であるというのは、みなさんすでにお解りでしょう。

さて、そのことはまさに、分析経験が教えてくれること、つまり性器期的欲動はエディプス・コンプレックスの循環や親族の基本構造などに従属しているということへと繋がっています。エディプス・コンプレックスの循環や親族の基本構造などは、しばしば文化の領野として示されますが、そうしたやり方は十分ではありません。というのは、文化の領野は性器性そのものが存続しているとされる「無人地帯 no man's land」に根拠を置いていると考えられるからです。しかし実際には、性器性はバラバラで、まとまってなどいません。なぜなら、主体の中には「全体的性衝動 ganze Sexualstrebung」などというものは見出すことはできないからです。

しかし、「全体的性衝動 ganze Sexualstrebung」が主体においてはどこにもないということは、反対にどこにでもあるということです。フロイトがこの論文で我われに解らせようとしているのはまさにこのことです。

フロイトが愛について語っていることはすべて、結局次のことを強調することになります。つまり、愛を理解するために必然的に参照しなくてはならないのは、欲動の構造とは別のもう一つの構造である、ということです。彼は、このもう一つの構造を三つに、つまり三つの水準に分割しています。まずは、現実的なものの水準、経済論的なものの水準、そして最後に生物学的なものの水準です。

対応する対立項もそれぞれ三つあります。現実的なものの水準では興味を引くものと無差異《アンディフェラン》〔無関心〕なもの。経済論的水準では快をなすものと不快をなすものです。そして、ただ生物学的な水準においてのみ能動性と受動性という対立がその固有の形で、すなわち文法的に有効な唯一の形で――それはつまり愛する－愛されるという位置関係ということになりますが――現れるのです。

こうして我われは、フロイトによって、愛とは本質的に「自我全体 gesamt Ich」の性的熱情にほかならないと判断すべきだ、ということへと導かれます。この「gesamt Ich」という言葉は彼の著作の中に「一度しか hapax」出てきませんが、この言葉は、彼が快原理を説明するときに指摘した意味で理解しなくてはなりません。つまり、この「gesamt Ich」は、私が一つの面のようなものとして思い描くようにお話しした領野なのです。それは、はっきり限定された面、黒板でそれを表すことができ、すべてを紙の上に描くことができるという意味での面です。それは、交点を結ぶいくつかの線、そしていくつかの弧で表される網目です。そして、その回路が閉じていることは、そこでは緊張のホメオスタシスや最小の緊張が保存されるべきこと、さらには無数の回路の中の一つにおいて興奮が強すぎる場合にはいつでもさまざまな回路へと興奮を分配すべきことを示しています。

刺激から放出までの透過、それが装置なのですが、それは球面上に描かれるべき帽子のような形をしています。そこでは、フロイトが「現実自我 Real-Ich」の段階と呼んだものがまず定義されます。そして、これに、彼は「自体愛的 autoerotisch」という形容詞を当てはめることになるのです。

そこから分析家たちは、この「自体愛的」はいわゆる発達の中のどこかに位置づけられなくてはならないと考え——というのもフロイトの言葉は福音書の言葉ですから——、乳児は周囲のすべてのものを自分には関係のないもの《アンディフェラン》と見なしているに違いない、と結論しました。観察された事実よりも、信仰箇条の方が圧倒的な価値を持つ観察者のもとでは、何もかも台なしにするような結論が得られてしまうものです。それで結局、乳児のことで何か理解しがたいことがあると、乳児は彼の知覚の領域に入ってきたものに対して興味がないのだということにされてしまうわけです。

新生児期の最早期からすでに対象があることは、まったく疑いのないことです。「自体愛的 autoerotisch」とは決して、新生児には興味が欠如しているということではありません。このテクストをよく読んでみれば、第二の段階、つまり経済的段階というのは、第二の「Ich」が——権利上第二なのであり、論理的時間からいって二番目ということですが——彼の言う「純化された purifiziert」「快自我 Lust-Ich」であるということだ、ということがお解りになるでしょう。純化された「快自我 Lust-Ich」、これは、私がフロイトの説明の中での最初の「現実自我 Real-Ich」に相当すると述べた帽子様のものの外の領野に打ち立てられるのです。

「自体愛的 autoerotisch」とは、フロイト自身も強調するように、私にとって良い対象がなかったなら、対象の出現はないだろうということです。これが、対象の出現と対象の分配の基準です。

こうして、ここに「快自我 Lust-Ich」が構成され、それと同時に「不快 Unlust」の領野、つまり残余物としての、異物としての対象の領野も構成されます。認識されるのに適した対象は、当然「不快 Unlust」の領野で定義される対象です。これに対して「快自我 Lust-Ich」の領野で定義される諸対象は愛すべきものです。「憎むこと Hassen」は認識と深い関係がありますから、それはもう一方の領野です。

この水準では、真の欲動ではない機能以外には、つまりフロイトが彼のテクストの中で「自我欲動 Ichtriebe」と呼んだ機能以外には、欲動的機能はその痕跡すらありません。「Ich」の水準は非-欲動的なのです。そして、注意深くテクストを読んでいただきたいのですが、フロイトはまさにそこに愛を基礎づけているのです。「Ich」の水準でこのように定義されるものが性的価値を持つようになるのは、つまり「自己保存欲動 Erhaltungstrieb」から「性欲動 Sexualtrieb」に移行するのは、ただこれらの領野が部分欲動に横領され、差し押さえられるからにほかなりません。フロイトは適切にも次のように言っています。「本質的な点を取り出していえば unter Hervorhebung des Wesentlichen」、主体が「外的な刺激 die äußeren Reize」を記録するのは純粋に受動的な仕方であり、欲動的な仕方ではないということだ、と。主体の能動性は「自分自身の諸欲動を通して durch seine eigenen Triebe」のみ由来するのです。つまり部分欲動の多様性ということです。このことから我われはフロイトが導入した第三の水準、能動性－受動性という水準へと至ります。

ここから導かれる結論を述べる前に、この愛の概念――それは要するに「自身の幸福を願う」ということですが――の持つ古典的性格を簡単に指摘しておきたいと思います。つまり、この「自身の幸福を願う」は伝統的に愛の自然学理論《フィジーク》と呼ばれるもの、聖トマスの「他者の幸福を願う velle bonum alicui」とまったく等価であり、我われにとってはナルシシズムの機能という点でまったく同じ価値を持つ、ということを強調しておく必要があるということです。私は以前から、いわゆる愛他主義はまやかしであることを主張してきましたが、愛他主義はいったい誰の幸福を守ることで満足しているのでしょう。それはまさに、我われにとって必要不可欠な人物の幸福です。

2

このようにフロイトは愛の基礎を据えようとしたのです。性的関係に固有な事情が作用しはじめるのは、ただ能動性‐受動性ということによってだけです。

ところで、能動性‐受動性の関係は性的関係と重なるものでしょうか。たとえば『狼男』のある一節、あるいは『五大症例』のあちこちに見られる別のいくつかの箇所を見ていただきたいと思います。そこでフロイトは、結局、能動性‐受動性という二極的参照項を持ち出したのは性差において解らないままに残っているものを名づけ、含み込み、比喩的に言い表すためであると説明しています。フロイトは、男性‐女性関係は心理学的には能動性‐受動性という対立で代理する以外には捉えられない、と言っているのです。男性‐女性の対置そのものは到達不能なのです(2)。このことは、問題となっていることを表現するうえで、特に鋭さを発揮するある動詞の形で、ここで繰り返されていることとの重要性を十分に示しています。つまり、受動性－能動性というこの対立は、互いに滑り込まされ、流し込まれ、注入されているのです。これは一種の動脈造影です。しかし、男性－女性関係自体はそれを究極まで使い尽くしているわけではありません。

もちろん、能動性－受動性の対立によって愛の領野の中の多くのことが説明されます。しかし、我われが関わっているのはまさにサド－マゾヒズムの注入です。これは性そのものの実現に関しては、決して軽々しくそのまま通用すると考えてはなりません。

たしかに性的関係の中では欲望のあらゆる間合いが機能しています。「私の欲望はお前にとってどんな価値を持つか」ということは恋人同士の会話の中で問われる永遠の問いです。しかし、たとえばよく言われる「女性のマゾヒズム」が持つ価値、これは真面目に問いを立てるときには括弧に入れておく方がいいでしょう。この価値は、いくつかの点で男性の幻想と言えるような対話に属するものです。この幻想を支えているのは我われの側の共犯であるということは多くの点で考えられることです。この主題についてたいしたことは教えてくれそうもないアングロ・サクソンの調査結果をすっかり鵜呑みにしてしまわないようにするために、また、そこには女性の側の何らかの同意がある――こんなことは何も意味していません――などということを言ったりしないために、我われ分析家としては、より厳密に、我われのグループに属している女性だけに問題を限っておくことにしましょう。まったく驚くべきことですが、分析のサークルに属している女性の代表的な人たちが特に、女性のマゾヒズム的性向ということを全面的に信じる傾向があるのです。おそらくそこには、女性という性の利得に関する一つのヴェール、あまり性急に取り払うべきではないヴェールがあるのでしょう。でも、まあこれは話の脱線です。しかしこの脱線が我われの話と深く結びついていることは、やがてお解りになると思います。その結びつきがどのようなものかという点にこそ我われはいずれ戻らなくてはならないからです。

この結びつきがどうであれ、こういう次元では我われは愛の領野から、つまりナルシシズムという枠組みから決して離れることはできません。このナルシシズムについて、フロイトはこの論文の中で的確な用語で次のように述べています。ナルシシズムは、自我の器官化 organisé〔組織化〕された諸関心の中に「自体愛的な autoerotisch」ものが挿入されることによって作られると。

このナルシシズムという枠組みの内部には、外的世界の諸対象の表象、選択や識別、認識の可能性などが含まれます。つまりは、古典的な心理学が繰り広げられてきた領野のすべてがそこには含まれます。しかし、そこにはまだ〈他者〉、根源的な〈他者〉、〈他者〉そのものを表象するものは何一つとしてありません。それだからこそ、フロイトに至るまで、情動の心理学はすべて失敗してきたのです。

〈他者〉のこの表象こそがまさに、性が男性的なものと女性的なものという形で我われに指し示している対立的な二つの世界に欠けているものです。極論すれば、男性的理想と女性的理想は、心的現象において、さきほど申し上げた能動性と受動性という対立とは別のものによって表すことができる、とすら言うことができるでしょう。男性的理想と女性的理想は、ある用語、つまり、私が導入したものではなく、ある女性分析家が女性の性的態度を指し示すのに使った用語、すなわちマスカラード mascarade という用語に由来しているのです。(3)

マスカラードというのは、動物が番《つがい》になるために必要な性的誇示において機能するもののことではありません。それに、動物の番《つがい》の場合は一般に雄の側に装飾は現れるものです。マスカラードは人間の領野では別の意味を持っています。それはまさに想像的な領野ではなくて、象徴的な水準で働くものなのです。

そこから出発して、性そのものは、いかに逆説的に見えようとも、部分欲動を介して再登場し、その固有の能動性を果たす、ということをこれから示さなくてはなりません。

3

フロイトが部分欲動について述べていることのすべては、私が先回黒板に描いた運動を示しています。つまり性源的な縁《ふち》を通って出てきて、対象 a と私が呼んだものを回った後、標的であるところの性源的な縁へと戻ってくる衝迫の循環運動です。私が言いたいことは——そしてフロイトのテクストのすべての厳密な検証は私の述べていることが正しいか否か試練にかけるものですが——この循環運動を介してこそ、主体はまさに大文字の〈他者〉の次元そのものへと到達するということです。

私は次の二つのものの間の根本的区別について申し上げているのです。一つは「他者を通して自らを愛すること」——これは対象のナルシシズム的な領野のものであり、自身に含まれる対象をいささかも越えるものではありません——と、もう一つは欲動の循環性——そこでは往と復との間の異質性がその隙間に裂け目を示しています——の二つです。

見ることと見られることに共通しているものは何でしょうか。「Schaulust」、すなわち視認欲動を取り上げてみましょう。フロイトは「beschauen」つまり外にある対象、正しい意味での対象を眼差すことと、「beschaut werden」つまり余所の人によって眼差されること、この両者をはっきりと対立させています。

これはつまり、対象と人物とは同じではないということです。循環する線の端で両者はいわば緩んでしまいます。あるいは、両者を結ぶ点線はいわば我われの手からいささか逃れてしまいます。この両者を結びつけるためには、フロイトは、起源と先端とが一つになる基盤において、すなわちまさに回帰の点においてこの両者をつかみ、両者の結合を見出そうと努めなくてはなりませんでした。彼は、視認欲動の根はことごとく主体の中に、つまり主体自身が自らを見ているという事実の中に求めるべきであると言うことによって、そのことをしっかりと把握しています。

ここにおいてフロイトは、なにしろフロイトですから、決して間違いを犯してはいません。これは鏡の中に自らを見ることではなく、「自ら男性器を視る Selbst ein Sexualglied beschauen」、つまり私に言わせれば「彼は彼の性器の中に自らを眼差す」ということなのです。

ただ、注意してください。これでもまだうまくいきません。というのは、この言い方はその逆と同じということになるからです。フロイト以外誰もこのことのユーモアを指摘しなかったのは驚くべきことです。とても奇妙なその逆というのは、「男性器がその人自身によって視られる Sexualglied von eigener Person beschaut werden」ということです。いわば2という数字が自身が奇数であることを喜ぶように、(4)性器あるいはおちんちんが、自身が眼差されることを喜ぶのです。このような感情が、実は主体化できる《シュブジェクティヴァブル》質のものであることを、それまでいったい誰が把握できたでしょうか。(5)

実際、欲動の往路と復路を結ぶ連接は、フロイトの最後の言い方の中のたった一つの用語を代えるだけで十分に得られます。「eigenes Objekt」という用語を代えるのではありません。これは主体がそれへと還元される本来の対象です。「von fremder Person」、これはむろん「余所の人によって」という意味ですが、この用語を代えるのでもありません。「beschaut」という用語でもありません。私は「werden(……られる)」を「machen(……させる)」に代えるのです。(6)つまり欲動において問題なことは「自分を(に)見させる se faire voir」ということです。(7)欲動の作用はこの「自分を(に)……させる」の中に集約されます。そしてこの「自分を(に)……させる」を他の諸々の欲動の領野へ移すことによって、おそらくは何らかの光明が得られるでしょう。先を急がなくてはなりません。しかし、たんに要約するのではなく、フロイトが諸々の欲動を列挙する際に取り残した——これは驚くべきことですが——いくつかの穴を埋めなくてはなりません。

「自分を(に)見させる」の後で、私はもう一つの欲動、つまり「自分を(に)聞かせる se faire entendre」を挙げることになるでしょう。これについて、フロイトは一言も触れていません。

これと「自分を(に)見させる」との違いを手短にお示ししておかなくてはなりません。耳は無意識の領野の中で自ら閉ざすことのできない唯一の孔です。「自分を(に)見させる」は、主体へと実際に戻ってくる矢印で示されるのに対して、「自分を(に)聞かせる」は他者へと向かいます。その理由は構造に由来するものです。このことをついでに述べておくのは重要なことでしょう。

口唇欲動へ移りましょう。これは何でしょうか。食い尽くすこと、つまり「自らを(に)食わせる」という幻想のことが言われます。これは口唇欲動の他者化された用語であり、これがありとあらゆるマゾヒズム的な意味合いと境を接していることは誰もが知っています。しかし、なぜもっと事態を追い詰めて考えないのでしょう。我われは乳児と乳房のことを念頭に置いているのであり、授乳とは吸うことなのですから、口唇欲動とはまさに「自分を(に)吸わせること」、つまり吸血鬼です。

以上のことはさらに、この乳房という奇妙な対象――これをみなさんの頭の中で食べ物の譬えから引き剥がしていただきたいのですが――がどういうものなのかを明らかにしてくれます。乳房もまたペニスと同様くっつけられたものです。このくっつけられたものが何を吸うのでしょう。母親という生体を、です。こうして、主体から引き離されはしたものの主体に属しており、それによって主体が自らを補完すべきもの、これに対する主体の復権要求がどんなものであるかが、この水準で十分に示されます。

肛門欲動の水準では――ここでは少し力を抜きましょう――これまで述べてきたことはもはや、まったくうまくいかないように見えます。しかし、「se faire chier 自分に糞をたれさせる、自らを排泄させる(うんざりさせる)」は、ある意味を持っています。「ici, on se fait rudement chier ここで、ひどく自分に糞をたれさせる、自分を排泄させる(うんざりさせる)」という言い方をするとき、ひどくうるさい奴に関わっているので(8)す。例のスキバル(糞塊)と、強迫神経症の代謝《メタボリズム》〔入れ替わり〕においてそれに与えられる機能とを単純に同一視するのは間違いですし、糞塊が表しているものから、つまり場合によっては贈物や、糞塊が汚れとか純化とか浄化とかに対して持っている関係などから、糞塊を切り離してしまうことも間違いです。献身的な機能が出てくるのはそこからであることを見ないでいると間違いを犯すことになります。結局ここでは対象は、魂と呼ばれている領野からそれほど遠くはないのです。

以上のように概観することによって何が明らかになったでしょう。欲動のポケット状の自己自身への向き直りにおいて、欲動は、性源域に嵌まり込みながら、〈他者〉の中でそのたびごとに応えている何かを探しにいく責務を負わされているように思われないでしょうか。私はいちいち繰り返すつもりはありません。「視ることの快 Schaulust」の水準では、その何かは眼差しであると言わねばなりません。このことを申し上げたのは、ただ、もっと後で呼びかけのこの運動の持つ〈他者〉への諸効果を取り扱うためにすぎません。

4

ここで、欲動の循環の極性と、つねに中心にあるものとの関係についてお話ししておきたいと思います。つねに中心にあるこのなにものか、それは欲動の器官 organe、道具という意味での器官です。これは、さきほど「Ich」を導き出す場においてこの言葉が持っていた意味とは違う意味での器官です。このつかみがたい器官、周りをなぞることしかできないこの対象、つまりは偽りの器官、これこそ今検討すべきものです。

欲動の器官は実際の器官との関係で位置づけられます。その点をみなさんに解っていただくために、そして欲動の器官だけが、性という領野において我われの手の届く、把握されうる唯一の極であることを示すために、みなさんに神話を一つお示しすることにします。この神話の歴史的な拠り所を、私は、プラトンの『饗宴』の中で愛の本性について アリストファネスの口を借りて語られていることに求めることになります。

こうした神話を使うのはもちろん、真理との柔道 judo avec la vérité において、この装置を使うことを我われが自身に許したということを前提にしています。以前の聴衆の前では決してこの装置は使わないようにしていたのですが。

私は聴衆に古代ギリシアのモデルを示しました。すなわちプラトンの畑から取られたモデルです。しかし、私は彼らにこの畑を掘る装置を与えることしかしませんでした。私は、子供たちが畑を耕すようになるために「子供たちよ、ここには宝がある」などと言うような人間ではありません。私は彼らに鋤《すき》と鋤べらを与えました。つまり、無意識はランガージュによって作られている、ということです。およそ三年半前のあるときのことです。そしてその結果大変いい仕事が三つできました。しかし、今言うべきは、まさに「宝は私の言明している道によってしか見つけられない」ということです。

この道にはいささか喜劇的な点があります。この喜劇性はプラトンの対話篇を少しでも理解するためにはどうしても必要なものです。特に『饗宴《カニュラー》』(9)の中で語られていることを理解するためには欠かせません。それはお望みならば悪ふざけとすら言えるものです。もちろんアリストファネスの寓話のことを言っているのです。この寓話は何世紀にもわたる挑戦です。なぜなら誰もそれよりもうまい話を作ろうとしないままに何世紀もの間が過ぎたからです。私が今から挑戦してみましょう。

ボンヌヴァルの学会で話題になっていたことをはっきりと表そうとして、私は次のような言葉で挑発しました。「今から薄片《ラメラ》についてお話ししましょう」。
この悪ふざけ《カニュラー》の効果を強調しようとするならば、それは「オムレット」(10)と呼ぶこともできましょう。このオムレットは、やがてお解りになりますが、創世の時の泥人間に比べれば動かすのが簡単です。創世の時の泥人間を歩かせるためには、どうしてもその頭の中にホモンクルスを入れなくてはなりませんから。

新生児にならんとしている胎児を包む卵の膜が破れるたびごとに何かがそこから飛び散るとちょっと想像してみてください。卵からも人間からも、これを作ることができます、つまりオムレット、薄片です。

薄片、それは何か特別に薄いもので、アメーバのように移動します。ただアメーバよりはもう少し複雑です。しかしそれはどこにでも行きます。そしてそれは有性の存在がその性において失ってしまったものと関係があるなにものかです。それがなぜかは後ですぐにお話ししましょう。それは、アメーバが有性の諸生物に比べてそうであるように不死のものです。なぜなら、それはどんな分裂においても生き残り、いかなる分裂増殖的な出来事があっても存続するからです。そしてそれは走りまわります。

ところでこれは危険がないものではありません。あなたが静かに眠っている間にこいつがやって来て顔を覆うと考えてごらんなさい。

こんな性質を持ちうる存在と、我われがどうしたら戦わないですむのかよく解りませんが、もし戦うようなことになったら、それはおそらく容易な戦いではないでしょう。この薄片、この器官、それは実在しないという特性を持ちながら、それにもかかわらず一つの器官なのですが——その動物学上の位置づけについてもう少しお話しすることもできるでしょうが、やめておきます——、それはリビードです。

これはリビード、純粋な生の本能としてのリビードです。つまり、不死の生、押さえ込むことのできない生、いかなる器官も必要としない生、壊すことのできない単純化された生、そういう生の本能です。それは、ある生物が有性生殖のサイクルにしたがっているという事実によって、その生物からなくなってしまうものです。対象 a について挙げることのできるすべての形は、これの代理、これと等価のものです。対象 a はこれの代理、これに姿を与えるものにすぎません。乳房は——両義的なものとして、哺乳動物に特徴的な要素、たとえば胎盤と同じように——個体がその誕生

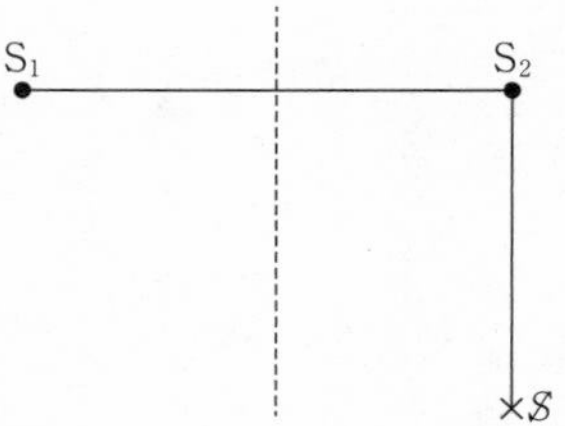

の時点で失った彼自身の一部、もっとも古い失われた対象を象徴することのできる一部を表しています。そしてその他の対象についても同じことが言えます。

これによって、主体と〈他者〉の領野との関係が明らかになります。黒板の下の方に書いたものをご覧ください。これから説明しましょう。

「現実自我 Real-Ich」の世界、つまり自我の世界、認識の世界においては、人が何と考えようと、それに対していかなる主体もなくとも、すべてはまったく今と同じように、つまりあなた方も意識も含めて、実在しえます。主体が、私が言うようなものであるならば、つまりランガージュとパロールによって決定されているものであるならば、それは次のことを意味します。主体はその原初においては、最初のシニフィアンが現れる場としての〈他者〉の場において始まるということです。

ところで、シニフィアンとは何でしょう。もうすでに、ずいぶん昔から何度もこの点は繰り返しお話ししたので、今さらここで繰り返さなくてもいいと思いますが、シニフィアンとは主体を代表象するものです。何に対して代表象するのでしょうか。もう一つの主体に対してではありません。もう一つのシニフィアンに対してです。この公理を解りやすい形で思い描くために、象形文字が一面に書かれた石を砂漠で見つけた、と考えてみてください。みなさんは、これらの文字を書くためにその背後に主体がいた、ということを一時も疑うことはないでしょう。しかしそれぞれのシニフィアンがあなたへと差し向けられていると考えるとしたらそれは間違いです。その証拠に、あなたはそれらの文字から何も理解することはできないではありませんか。それに対して、あなたはそれぞれのシニフィアンが他のそれぞれのシニフィアンと関係しているという点については確かだと考えているからこそ、これらの文字をシニフィアンであると定義するのです。主体と〈他者〉の領野との関係において重要なのはまさにこのことです。

主体は、〈他者〉の領野にシニフィアンが現れるかぎりにおいて生まれるのです。そして、まさにこの事実によって、それは――つまりそれまでは現れるべき主体であるというだけで他のなにものでもなかったそれは――シニフィアンへと凝結するのです。

〈他者〉への関係はまさに、我われにとっては、さきほどの薄片が表しているものを生じさせるものです。それは、有性の極性、つまり男と女の関係ではなく、生きる主体が、生殖のために、性的なサイクルを通過しなければならないことによって失ったものとの間に持つ関係です。

私はこうして、すべての欲動が本質的に持つ死のゾーンとの親和性を説明し、欲動の持つ二つの面——つまり無意識における性を現前化すると同時に、その本質において死を表すという二つの面——を調停するのです。

同時に次のこともお解りでしょう。つまり、私が無意識を自ら開いたり閉じたりするものであるとお話ししたのは、主体がシニフィアンとともにまさに分割させられたものとして生まれるその時を刻むことにこそ、無意識の本質があるからです。主体とは、この不意の出現なのですが、つまり、ちょっと前には、主体としては、なにものでもなく、しかし現れるや否やシニフィアンへと凝結する、この出現なのです。

「全体的性衝動 ganze Sexualstrebung」に支えがあるか否かは、欲動の領野にある主体と〈他者〉の領野に呼び出される主体とのこの結びつき、結びつこうとするこの努力にかかっています。この支えはほかにはありません。無意識の水準で、両性の関係が表されるのはまさにここにおいてだけです。

他の点については、性的関係というものは〈他者〉の領野の偶然に委ねられているのです。それは人々がそれに与える説明に委ねられ、性交するためにはどうしなければならないかをダフニスが学ばなければならなかった、あの老婆の語ることに委ねられているのです。この寓話は故なき寓話ではありません。

質疑応答

F・ヴァール――質問したいのは、一つは有性生物が被る喪失について、そしてもう一つは、能動性－受動性という分節化についてです。

実にあなたは私の話に欠けている点の一つを指摘してくれました。薄片には縁《ふち》があります。薄片は、性源域に、つまりは身体の孔の一つに付着することになります。それはつまり、これらの孔が無意識の裂け目の開閉に結びついているからです。経験のすべてがこの点を我われに示しています。

性源域は無意識へと結びついています。なぜなら生物の現前が無意識へと絡まるのはまさに性源域においてだからです。リビードの器官、つまり薄片こそがいわゆる口唇的欲動、肛門的欲動を無意識へと結びつけるということを我われは見出しました。これに視認欲動と祈願欲動とでも呼ぶべき欲動を私は加えますが、この祈願欲動は、ついでに申し上げたように――私の話すことにまったくの冗談はありません――自ら閉じることができないという特性を持っています。

欲動と能動性-受動性の関係については、欲動の水準ではこの関係は純粋に文法的なものであるという言い方で私の考えを十分にお解りいただけたと思います。この関係はフロイトが我われに欲動の動きの往復を把握させるために用いた支え、技巧なのです。しかし、これを相互性へと単純に還元してしまうことはできないということについては、私はすでにもう四、五回触れました。今日は、フロイトがそれぞれの欲動について分節化した三つの時、つまり「a、b、c」[11]のそれぞれの時に、「自分を(に)見させる」「自分を(に)聞かせる」――私が挙げたその他の欲動についても同じことですが――を置き換えることが重要であることを、もっとも分節化した仕方でお示ししました。ここには、基本的に能動性が含まれています。この能動性を通して私の話は次の点に繋がります。つまり、フロイト自身が、欲動の領野と愛のナルシシズム的な領野という二つの領野を区別し、愛の水準では、「愛すること」と「愛されること」との相互性があるのに、欲動の領野では、主体にとっては「自分自身の諸欲動を通して durch seine eigenen Triebe」まったくの能動性だけがあると強調することによって言おうとしたことです。お解りですか。実際、ある欲動が働く場合、たとえばマゾヒズム的な欲動の場合、いわゆる受動的な局面においても、マゾヒストが犬のような酷い仕打ちに――あえてこう表現しますが――身を捧げることが必要なのは明らかです。

一九六四年五月二九日[12]

訳註

（1）ギリシア神話上の人物でテーバイの若い狩人。処女神アルテミスの水浴中の姿を見たため、女神の怒りをかい、鹿に変えられ、自分の犬に食い殺された。

（2）融合する verschmelzen「能動的／受動的の対立は、後に男性的／女性的の対立と融合する」。「欲動と欲動運命」新宮一成訳、『フロイト全集14』岩波書店、一八六頁。

（3）Joan Riviere のこと。その論文についてラカンはすでに一九五八年のセミネール『無意識の形成物』XIV講でも、やや詳しく紹介している。この論文の仏訳は、"La féminité en tant que mascarade", La Psychanalyse, 7, Société française de psychanalyse, Paris, 1964, p. 257–270.

（4）学生のナンセンス。

（5）ここでいう「最後の言い方」は、「自分の対象が、余所の人によって視られている（見せる快、露出）Eigenes Objekt von fremder Person beschaut werden (Zeigelust, Exhibition)」を指している。Gesammelte Werke, X, p. 222.「欲動と欲動運命」一八一頁。

(6) つまり「Eigenes Objekt von fremder Person beschaut machen 自身という対象を余所の人によって視させる」となる。

(7) この「se faire ...」は日本語では「自分を……させる」という意味と、「自分に……させる」という二つの意味があるので、以下は「自分を(に)……させる」と訳した。

(8) 日本語の「糞たれ」「うんざり」にあたる。

(9) canular 高等師範学校における新入生いじめの悪ふざけを指す学生のスラング。

(10) hommelette 人間 homme に小ささの意味を表す語尾 lette を加えた造語。切れ端人間という意味と料理のオムレツ omelette とを掛けている。オムレツ omelette の語源は la+lemelle(薄片 lamelle の古形)という中期フランス語にある。

(11) 視る欲動の場合、「a、視ることが能動性として、余所の対象に向けられる。b、対象が放棄される。自分の身体の一部へと、視る欲動が向き直る。それに伴って受動性への反転が起こり、新たな目標、つまり視られるという目標が設定される。c、自分を視てもらうようにするために、新しい主体が設定され、その主体に自分を見せる」。「欲動と欲動運命」一八一頁。ラカンはここで、bの「視られる」とcの「自分を視てもらう」の箇所(beschaut zu werden)を、「自分を(に)見させる」に置き換えることを提案している。

(12) 正しくは五月二〇日であろうが、原書スイユ版に従った。

〈他者〉の領野、そして転移への回帰

XVI　主体と〈他者〉――疎　外

性的な力動
「アファニシス aphanisis」
ピアジェ的誤謬
「ヴェル vel」
金か命か！
「なぜ？」

精神分析が無意識の科学として構成されなければならないとしたら、無意識は一つのランガージュとして構造化されているということから出発しなければなりません。主体の構成を説明することを目的として、私は、そこから一つのトポロジーを導き出しました。

その頃――もう過去の話になったと思いたいことではありますが――、それに対して、私に次のように異議を唱える人々がありました。つまり、このように構造に優越性を与えることによって、分析経験の中にあれほど現前している力動を私が無視しているというのです。そして、その力動がその本質において徹頭徹尾性的なものだという、フロイトの学説の中で確立されている原理を私が避けているとまで言われました。

今年の私のセミネールの進行をご覧になったみなさんは、とりわけ前回がその山場でしたが、私のセミネールにおいてこの力動が失われていることなどまったくないことがお解りいただけたと思います。

1

前回のセミネールに出席できなかった方々にも知っておいていただくために、この力動に対して私がまったく新しい要素を付け加えたということをもう一度申し上げておきましょう。そしてこの新しい要素を、私がこれからどのように活用していくかをご覧ください。

私はまず、一つの分配を強調しました。一方に主体の領野を、他方に〈他者〉の領野を配することで、無意識の入口として私が構築した分配です。〈他者〉とは、主体に関して現前化されうるであろうことのすべてを支配しているシニフィアンの連鎖が位置する場です。一方、主体が現れ出るべきなのはこの生あるものの領野です。そしてすでに申し上げたとおり、欲動が本来的に姿を現すのは、主体性へと呼びかけられているこの生あるものの側からです。

どんな欲動もその本質上、部分欲動ですから、フロイトが、愛はそれを実現しているのではないかと自問しつつわずかに言及した「性衝動 Sexualstrebung」の全体性なるものを表す欲動などはありません。性衝動の全体性、これは、もしそれが精神作用の中に入るなどということがあれば、精神作用の中では、「生殖 Fortpflanzung」の機能を表すものとして理解するしかないようなものです。

この機能を生物学的平面で容認しない人があるでしょうか。しかし私は、フロイトにならって、フロイトがあらゆる角度から証言しているように、精神作用の中でこの機能がそれ自体として表象されることはないと確言します。精神作用の中には、主体が自らを雄であるもの、または雌であるものとして位置づけるようにしてくれるものは、何もないのです。

主体は、自らの精神作用のうちに、それらの等価物として能動性と受動性のみを位置づけていますが、これとてもおよそ生殖機能を十分に表しているというには程遠いものです。フロイトは、皮肉っぽくこう付け加えてすらいます。この等価物による表象は、さほど「徹底的でも排他的でも durchgreifend und ausschließlich」ない、と。雄であることと雌であることという対極性は、能動性と受動性の対極性によってしか代表されませんが、能動性の極は「諸欲動 Triebe」を通じて現れ、受動性の極は、「外界の刺激に対する gegen die äußeren Reize」受動性でしかありません。

この区別だけが、精神分析経験によって最初に明るみに出されたことを、必要なものにしてくれます。前回の話を私はこの区別で締めくくりました。男として、あるいは女としてなすべき道は、〈他者〉の領野に位置しているドラマやシナリオにすっかり委ねられているのです。これこそエディプスです。

このことは前回にもはっきり言っておきました。男としてあるいは女としてなすべきことを、人間存在はつねに、その隅々まで〈他者〉から学ばねばなりません。このことに関連して思い出されたのは、ダフニスとクロエの物語の老婆のことでした。この寓話が表現しているのは、無垢な者にとっては決してその道が知られないような究極の領野、すなわち性的遂行の領野が存在するということです。

無垢な者をこの領野で導くのは欲動、すなわち部分欲動であり、ただ部分欲動だけが性の諸結果を精神作用のうちで代表するものであるとしても、そのことは結局、性は精神作用のうちでは、性そのものとは無縁のものから導かれる主体の関係によって表象される、ということのしるしです。性は、欠如を通路として主体の領野の中に打ち立てられるのです。

二つの欠如がここでは重なっています。一つの欠如は、主体が〈他者〉との関係の中で自身の存在へと到来する弁証法の中心にある欠損に由来しています。それは、主体はシニフィアンに依存しており、シニフィアンは第一には〈他者〉の領野にあるという事実のためです。この欠如は、先行するもう一つの欠如を繰り返しています。もう一つの欠如とは、生あるもののこの世への到来にあたって、すなわち有性の生殖にあたって生じる欠如のことです。これは現実的欠如です。この現実的欠如は、生あるものが有性の道を通って再生産される際に、生あるものとしての自分自身から失ってしまうもののことです。この欠如が現実的なものであるというのは、生あるものは性に従属しているがゆえに個体の死を免れないという現実的事態に関係しているからです。

己れを補完してくれるものの探求というアリストファネスの神話は、悲劇的で惑乱的なイメージを織り上げています。この神話は、生あるものが愛において求めているのは、他者であり、性的半身であると述べています。愛の神秘のこの神話的表現に代えて、精神分析経験は、性的補完物の探求ではなく、主体による別の探求を置きます。それは、自分自身から永久に失われてしまった部分の探求です。この失われた部分は、己れは有性の生命体にすぎず、もはや不死でないという事実によって構成されています。

もう理解していただけることと思いますが、それゆえに、欲動は、すなわち部分欲動は、徹頭徹尾死の欲動であり、欲動がそれ自身の内に代表しているのは、有性的生命体の中の死の部分にほかなりません。有性的生命体が性的行為の実現へと導かれるのは、ルアーの働きによってだということも、同じ理由によります。

ですから私はおそらく歴史上初めて、プラトンがアリストファネスの口から語られたものとしている、この大いに権威ある神話に挑戦し、この神話に代えるべく、あの欠如した部分を具現化するための神話を作って、前回みなさんにお話ししました。この神話を私は薄片《ラメラ》の神話と名づけました。

薄片の神話は、リビードを力の領分としてではなく、一つの器官として指し示しているという点で新たな重要性を持っています。

リビードは欲動の本性を理解するために必須の器官です。この器官は非現実です。非現実というのは想像的なものということではありません。非現実的なものは、我われには捉えようのない仕方で現実的なものに連節されていることをもって定義されます。そしてまさにそれゆえに、非現実的なものを表現するには、我われが行ったように、神話によらざるをえないことになります。しかし、非現実であるということは、そういった器官が具現化されることの妨げにはなりません。

さっそくその具体的な例をお話ししましょう。この非現実の器官を身体において具現化するためのもっとも古典的な形式の一つ、それは、入れ墨、供犠としての入れ墨です。入れ墨の切り込み、これはまさに、〈他者〉のために存在する機能、主体を大文字の他者の中に位置づける機能です。なぜならそれは、集団の諸関係という領野の中に、つまり各人と他のすべての人間との間に主体の座を印づけているのです。しかも同時に、この切り込みには明白にエロス的機能があります。実際にこの切り込みを目にした人はこのエロス的機能を感じてきました。

私はまた、欲動の根源的な関係においては、的に向かって放たれた矢が、実は的から放たれ、主体に向かって戻ってくるという動きが、本質的であることを示しました。このようにして戻ってくることによって、この矢は初めてその機能を全うするのです。倒錯者は、この意味で誰よりも直接的に、短絡路を通って、的を射当てるのに成功する人だと言えるでしょう。倒錯者は、己れの主体としての機能を、欲望としての己れの実在の中で、もっとも深いところで統合しているのです。欲動の逆転を、あの両価性の一形態であるなどと考えてはなりません。両価性は、主体の安寧にとって都合が良いか悪いかによって、対象を憎しみの領域から愛の領域に移し変えたり、その逆を行ったりするだけのことです。それに対し、人がマゾヒストになるのは、その人の目的にとって対象が良いものでなかったからというのでは決してありません。フロイトのあの若い女性「同性愛者」[1]が同性愛者になったのは、彼女の父が彼女の期待を裏切ったからではありません。もしそうならば、彼女は男友達を見つければよかったではありませんか。我われが欲動の弁証法に足を踏み入れるや否や、別の原理が支配するのです。欲動の弁証法は、愛の次元に属するものから、そしてまた、主体にとっての善に属するものから、根本的に区別されるべきものです。

このようなわけで、私は今日、〈他者〉の場のシニフィアンに依存しながら主体が実現されていくにあたって、どんな演算(2)が行われるのかを、みなさんにお話ししようと思っているのです。

2

すべてはシニフィアンの構造から現れます。シニフィアンの構造は、私がはじめに切れ目の機能と呼んだものの上に成り立っています。今やこの切れ目の機能は、私の講義の発展につれて、縁《ふち》のトポロジーの機能として表現されるようになりました。

主体と〈他者〉の関係は、全面的に裂け目の過程の中で生み出されます。たしかに、それがなくても、すべてはそこにありうるでしょう。現実的なものの人間存在、ここにいらっしゃるみなさんも含めて生きている諸存在の間の関係は、相互に逆転可能な関係という形で生じているとも言えるかもしれません。心理学、そして社会学の全体が目指しているところはこれであり、動物の領域のみが問題になっているときはそれでもうまくいくでしょう。なぜなら、想像的なものによる捕捉は、生あるもののあらゆる行動を動機づけるに十分ですから。しかし、精神分析が我われに思い起こさせてくれるように、人間の心理学は別の次元に属しています。

この次元を維持するには哲学的な道でもよかったかもしれません。しかし哲学は無意識をうまく定義できなかったので、やはり不十分なものであることが示されました。したがって精神分析が我われに思い起こさせるのは、シニフィアンの効果として定義された主体という機能なくしては、人間の心理学の諸事実は構想できない、ということです。ここで、主体と〈他者〉の間の過程は円環的なものとして分節化されるべきものです。つまり、この過程は〈他者〉の場に召喚された主体から、〈他者〉の領野――〈他者〉はここにまた戻ってきます――に自身が現れるのを見た主体へと回帰します。この過程はたしかに円環的です。ところがそれは、その本性上相互性を持ちません。円環的ではあっても、この過程は非対称的なのです。

おそらくみなさんは、私が今日みなさんをある論理学の領域にお連れしようとしていることに気づいておられるでしょう。私はみなさんに論理学というものの本質的な重要性をお話ししてみたいと思います。

記号というもののそもそもの曖昧さは、記号は何かあるものを誰かある人に対して表す、ということに由来しています。今、誰かある人と申しましたが、これはさまざまなものごとであってもかまいません。たとえばそれは、しばらく前から人々がしばしば口にしているように、エントロピーに逆らって情報が宇宙を駆け巡っている、という意味での全宇宙であってもよいわけです。記号が関与しているあらゆる結び目は、記号が何かを表しているというかぎりで、誰かと見なすことができます。ちょうどこれとは逆に、強調しておかねばならないのは、シニフィアンは、もう一つのシニフィアンに対して、主体を代表するものだということです。

〈他者〉の領野に出現するシニフィアンは、その意味作用の主体を現出させます。しかし、シニフィアンがシニフィアンとして機能するとき、シニフィアンは、問題の主体をも、もはや一つのシニフィアンでしかないものにまで還元してしまいます。シニフィアンは、主体を、主体として機能するように、すなわち話すように召喚するのですが、その動きそのものによって、主体を石化させてしまうのです。ここにまさに時間的拍動と呼ばれるものがあります。無意識そのものの出発点を特徴づけるもの、すなわち閉鎖は、時間的拍動のうちに設立されます。

ある精神分析家が、別の角度からこのことに気づきました。そしてこれを、新しい術語を使って言い表そうと試みました。この術語は「アファニシス aphanisis」つまり消失ですが、分析の分野の中では、それ以来使われてきませんでした。この術語を作り出したジョーンズは、これを何かかなり不条理なもの、つまり、欲望が消え去ってしまうことを経験する恐れと捉えています。しかし、「アファニシス」は、もっと根源的な仕方で、すなわち主体は、私が致死的と呼んだあの消失の運動においてこそ姿を現すという意味において位置づけられるべきものです。さらに別の言い方をすれば、この運動は、私が主体の「fading」と名づけたものです。

もうしばらくこの点についてお話ししておきましょう。なぜなら私は、具体的経験のなかでこの運動が見られることを、みなさんに感じていただきたいからです。もしこの観点にしたがって観察が進められ、観察者の目が開かれるならば、症例観察においてさえ、この運動に出会うことができます。例を挙げてみましょう。

ピアジェ的誤謬 l'erreur piagetique とは――またネオロジズムが出てきたかと思われる方々のために、これはピアジェ先生のことだとはっきり言っておきます――子供の「自己中心的」なディスクールと呼ばれているものの考え方の中に見られる誤りです。このアルプスの心理学は、自身が相互性と呼んでいるものがある段階の子供には欠けていると考え、自己中心的ディスクールをその段階にあるものと定義しています。相互性なるものは、この場合に我われが行き着くべき地平から見るとまったく見当外れですし、自己中心的ディスクールなる概念も矛盾です。テープに録音することもできるこのディスクールにおいて子供は、よく言われるように、自分に向かって話しているのでしょうか。そうではありません。もしここで「私 je」とか「君 tu」とかの機能から導かれるような理論的な配分を用いるとすれば、おそらく子供は他者に話しかけているわけではありません。しかしやはり、そこに他者たちがいることは必須なのです。子供たちが話す状況を見てみましょう。たとえば、いわゆる活動的教育の方法の際に与えられる玩具遊びに子供たちがみなで一緒に熱中しているようなときです。そういうときに子供たちは話します。子供たちは、あの子やこの子に向かって話しているのではありません。しかし彼らは、こういう言い方をさせてもらえるならば、舞台の袖（ラカン）に *à la cantonade* 向かって話しているのです。

この自己中心的ディスクール、これは、「ちゃんと聞いていてね！」ということです。

ここにも我われは、〈他者〉の領野における主体の構成を再び見出すことになります。黒板の矢印[3]はまさにこの構成を示しています。主体を〈他者〉の領野におけるその誕生という形でとらえることができるのですが、この無意識の主体の特徴は、網目、連鎖、そして物語を繰り広げていくシニフィアンのもとで、決定されない場にあるということなのです。

夢を解釈するとき、夢の中の要素のうち、主体を位置づけるべき場になりうる要素は、一つとは限りません。いやほとんどすべての要素がその場になりえます。解釈する人が、さあこれで夢が何を意味しているかを言わせることができるぞ、と思ったときには、結局何も解っていないのです。精神分析家さえ、自分でもうまく説明できません。たしかに解釈はどんな方向にも曲げられるものではありません。ただ一つのシニフィアンの連鎖を指し示すものです。しかし実際には、シニフィアンのうちのどれに主体の場が置かれるかによって、主体は多様な場を占めることができるのです。

いよいよ私は、今日お話しする予定の、主体と〈他者〉の関係における二つの演算にまでやってきました。

3

縁《ふち》の過程、循環的過程、問題になっているこの関係は、この小さな菱形によって示すことのできるものです。私は自分のグラフの中で、アルゴリズムとしてこの菱形を使っています。なぜなら、あの欲望の弁証法の最終的諸産物のいくつかにこの菱形を組み込むことが必要だからです。

たとえば、まさに幻想のなかにも、これを組み込まないわけにはいきません。つまり、幻想は$\$\diamond a$〔S barré《エスバレ》, poinçon《ポワンソン》 petit *a*《プティタ》——棒線で消された*S*、錐穴《きりあな》、小文字の*a*〕となります。また、要求と欲動が結合するあの根元的な結び目にも、これを組み込まないわけにはいきません。この結び目は$\$\diamond D$〔S barré《エスバレ》, poinçon《ポワンソン》 grand D《グランデ》——棒線で消された*S*、錐穴、大文字のD〕と書かれます。これを我われは叫びと呼ぶこともできましょう。

もう少しこの小さな菱形について話しましょう。これは縁、機能する縁です。ここにベクトル的方向性をつけてみればよいでしょう。ここでは反時計回りにします。これは少なくとも我われの書記法においては、左から右へと読むことになっているという事実に基づいています。

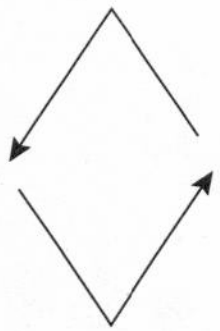

ご注意ください。これらはみなさんの思考の支えにはなってくれますが、技巧的トリックを伴わないわけではありません。しかし、いくばくかの技巧的トリックによって支えられることを必要とな

いトポロジーなどありません。このことはまさに、主体がシニフィアンに依存しているということの結果です。言いかえれば、みなさんの思考のある種の無力性の結果です。

菱形の下半分の小さな∨の部分、最初の演算から作られるこの部分を、「ヴェル vel」(4)と呼ぶことにしましょう。まずこれについてしばらく考えてみましょう。

ひょっとすると、これからお話しすることは、どうも馬鹿馬鹿しいことのようだと思われる方があるかもしれません。しかし、論理学というものはいつも、ちょっと馬鹿馬鹿しいものです。その馬鹿馬鹿しさを根底までつきつめなければ、それこそ間違いなくすぐに馬鹿馬鹿しいものになってしまいます。例を挙げるのは簡単です。たとえばみなさんご存じの「自らを含まないすべてのカタログのカタログ」といった類概念の、いわゆる理性の二律背反がそれで、ここで袋小路に陥ってしまうわけです。どうしたわけか、これは論理学者たちに眩暈《めまい》を感じさせてきました。ついでながら、このことの解決は単純です。つまり、それ自身と同じシニフィアンを指し示すのに用いられるシニフィアンは、それ自身とは別のシニフィアンを指し示すのに用いられるシニフィアンとは、明らかに同じではないということです。これはまったく当たり前のことです。たとえば、「古めかしい obsolète」という語そのものがすでに「obsolète」だということを言わんがために、「obsolète」という語を使ったとすると、この二つの「obsolète」という語は同じ語ではないということです。このことが、私が導入したこの「ヴェル」をはっきりさせる力を我われに与えてくれます。

この「ヴェル」は主体がそこで基礎づけられる本質的一次的操作としての「ヴェル」です。これほどの多くの人を前にして、ここでそれについて展開することにはたしかに、利益がないわけではありません。というのも、ここで問題となっているのは、まさに「疎外」と呼ぶことのできる操作だからです。

疎外なるものは、残念なことに、今日ではもはやなくなったとは言えません。何をするにしても、人はいまもさらに疎外されています。それが、経済活動であろうと、政治活動であろうと、精神の病的活動であろうと、美的な活動であろうと、何であろうとそうです。おそらくこの疎外の根がどこにあるのかを見ていくのも悪くはないでしょう。

このことはすなわち、私もその提唱者だと見なされている事柄、つまり主体は「最初はin initio」〈他者〉の領野においてのみ自らが出現するのを見るべく定められ《コンダネ》ている、ということを意味していることになるのでしょうか。ありえないことではないかもしれません。ところが、まったく、全然、決して、そうではないのです。

疎外は、この「ヴェル」にあるのです。この「ヴェル」によって、一方で主体はシニフィアンによって生み出された意味として出現し、他方では「アファニシス」として出現するという言い方で、十分に――と私には思えるのですが――定式化したばかりのこの分割の中にこそ、主体は出現するべく定められ《コンダネ》ている――みなさんに「定められ《コンダネ》ている」という言葉に異論がなければ、この言葉をまた使おうと思うのですが――のです。

この「ヴェル」こそ、「ヴェル」すなわち「または」の他のいくつかの使用法から区別するために、きちんと説明しておくに値するものです。二種類の「ヴェル」があります。論理学を少しでも学んだ方はご存じのように、網羅的「ヴェル」があります。つまり、こちらにするか、あちらにするか、「二つに一つ」で、もしこちらにすればあちらではないのであって、どちらかを選択しなくてはなりません。もう一つの「ヴェル」の使用法があります。つまり、私は一方または他方へ行きますが、どっちだっていいのです。つまり、等価なのです。これら二つの「ヴェル」は、同じものではありません。ところがさらに、第三の「ヴェル」があるのです。さっそく種明かしをして、この「ヴェル」がどのように用いられるかを申し上げましょう。

記号論理学は微妙な領域に明晰さをもたらした大変有益な学問ですが、この論理学が我われに教えていることの一つに、合併と呼ばれるあの演算の持つ射程をしっかり見極めるように、ということがあります。集合の言葉で言いますと、二個の集合を加えるのと、二個の集合を合併させるのとは、違うことなのです。今この左側の円の中に、五個の対象があり、もう一つの円の中にもやはり五個の対象があるとします。それらを加えれば当然一〇個になるわけです。しかし、両方の円に属している対象があるとどうなるでしょう。二個の円のそれぞれに属している対象が二個あるとしますと、二個の円を合併させることは、この場合対象の数を倍にすることにはならず、合併されたものの中には八個の対象しかないことになります。そんなことは子供にだって解るじゃないかなどと、どうか言わないでください。私がみなさんにお話ししようとしているこの「ヴェル」は、まさに合併集合という論理学的な形式によってしか説明できないものだということを理解していただくには、こうすることが必要なのです。

疎外の「ヴェル」は一つの選択によって定義されます。この選択の特性は次のことに拠っています。すなわち、この合併においては、選択の操作がどのように行われたとしても、結果的に「こちらでもなく、あちらでもない」というところに帰着せざるをえない要素がある、ということです。したがって、選択は結局、ある部分を保持する気があるかどうか、ということにかかってきます。他の部分はいずれにせよ消えてしまうのですから。

　このことを、我われにとっての問題に当てはめてみましょう。主体の存在がここにあります。そしてそれはこで意味のもとにあります。我われが存在を選んだとします。すると主体は消失し、我われから逃れ、無意味の中に落ちます。我われが意味を選んだとします。すると意味は、この無意味の部分によってくり抜かれた姿においてしか存続しえません。実を言えば、この無意味の部分こそが主体の実現にあたって、無意識を構成する当のものです。言いかえればこうも言えるでしょう。シニフィアンの機能そのものによって引き起こされた存在の消失のために欠けた〈他者〉の領野のこの大きな部分にあること、そのことが、〈他者〉の領野の中に現れ出てくるものとしてのこの意味の本性なのです。

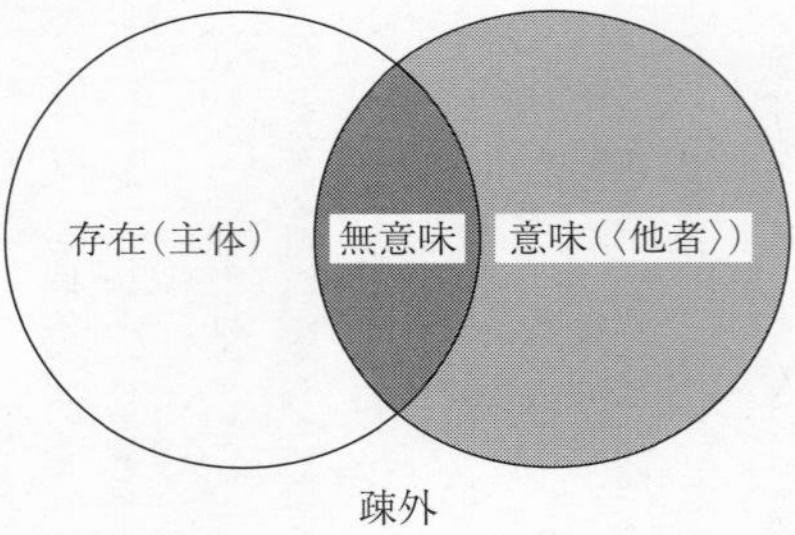

　このことは、すでに申し上げたことですが、一つの直接的な帰結を持っています。し

かし、この帰結はあまりにも気づかれないままに留まっています。言ってしまえば当たり前だと思われるようなことですが、ただそれは人が見ようとしない当たり前です。疎外の結果、解釈は、我われが目の前にしている精神的現象が辿っていく道のりの意味内容を我われに与えてくれるという点にその最終的な拠り所をもはや決して持ちえなくなります。しかし、このような効力はたんなる序奏以上のものではありません。解釈は、無意味の中にあるシニフィアンを縮減し、その結果我われが主体の行動全体の規定因を再び見出すことができるという方向を目指すことはありません。

このことについては、私の弟子ルクレールがボンヌヴァルの会議で行った報告をご覧ください(5)。彼はそこで私のテーゼを応用するという線に沿って報告しています。ルクレールはその発言で、一角獣のシークエンスを取り出しています。そして、この発表の後の彼の発言をお読みになれば、彼がこのシークエンスを取り出したのは、討論の中でそう考えた人もありましたが、意味的な相互依存性にしたがってではなくて、シニフィアンの連鎖の還元不可能で反意味的な性質にしたがってであったことがお解りになるでしょう(6)。

今私が述べたようなことは、その重要性をいくら力説しても十分ではありません。こ

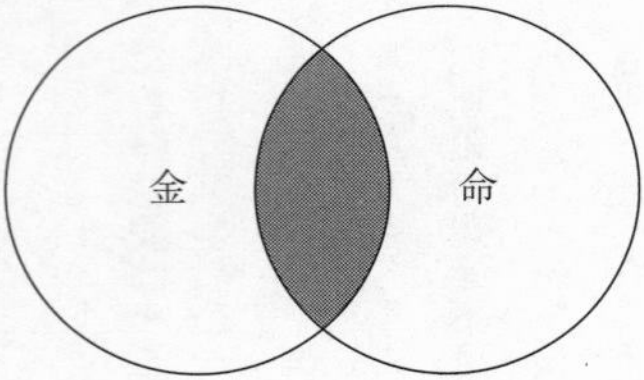

の疎外する「または」は、決して気ままなこしらえ物でも、いわゆる机上の空論でもありません。それはランガージュの中にあります。この「または」は存在するのです。ランガージュの中にはこの「または」が間違いなく存在しているので、少し言語学をかじってみたことのある人なら、これに気づいたことがあるはずです。ここで、この「または」の例を挙げてみましょう。

「金か、命か！」、こう言われてもし私が金を選んだら、私は両方とも失います。私が命を選んだら、私には金のない命が、つまりくり抜かれた命が残ります。これでよくお解りでしょう。

ヘーゲルを繙いてみれば、これを、疎外する「ヴェル」と呼ぶことが正当であることが解ります。先を急ぎましょう。ヘーゲルでは、最初の疎外、言いかえれば人間が隷属の道に入っていくにあたっての疎外の発生が扱われていると言えるでしょう。すなわち、「自由か、命か！」です。もしも人が自由を選んだら、一巻の終わりです。両方とも即座に失います。もしも命を選んだら、彼は自由を奪い取られた命を得ることになります。ここには何か特別なものがあるに違いありません。この特別なものを、我われは「致

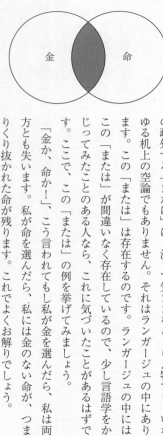

死因子」とも呼ぶことになるでしょう。我われが時々目にする機会のある、まさに命のただなかにあるあのシニフィアンの機能、染色体と呼ばれるあのシニフィアンの機能の中のある部分には、死をもたらす機能を持った因子があります。私が今申し上げたのはその因子のことです。少し特殊なある言い回しの中には、二つの領野の一方に死そのものをもってくることによって、この死をもたらす因子をうまく制御しようとするものがあります。

たとえば、「自由か、死か！」がそれです。ここでは、前とは異なり死が選択の中に入っているので、やや異なった構造が、結果として生じています。それは、どちらを選んでも私は両方を得るということです。自由というものは、結局、フランス革命がそのために戦われた労働の自由のごときものなのですが、しかし自由はまた、空腹で死ぬ自由でもありえます。いやまさに、一九世紀の一世紀間をかけて、そちらの方へと導かれてきたとさえ言えましょう。それゆえその間に、いくつかの原理が修正を余儀なくされました。今、みなさんが自由を選んだとします。するとそれは死ぬ自由なのです。面白いことに、さきほどの「自由か、死か！」を、人があなたに言っているような状況を考えてみますと、こうして示されている条件のもとであなたにできる唯一の自由の証明は、まさに死の方を選びとることです。なぜならこのようにすることによって、あなたは、選択の自由を持っているのが自分だということを証明することになるからです。

これはいわゆる恐怖政治であり、やはりヘーゲル的な契機ですが、こうして大きく異なった姿をとって現れたあの分配は、この領野における疎外する「ヴェル」の本質、あるいは死をもたらす因子がどのようなものであるかを、みなさんに明らかにしてくれたに違いありません。

4

時間も残り少なくなってきましたので、第二の演算については、紹介するだけしかできません。主体と〈他者〉の関係の循環性は、この第二の演算によって完成されるのですが、ここには本質的な一つの捩《ね》じれが現れます。

最初の時は集合の合併という下部構造の上に成り立っていましたが、二つ目は、積集合とか積と呼ばれる下部構造の上に成り立ちます。この下部構造もまた、前と同じこの弦月形の中で生起しますので、ここには再びあの裂け目、もしくは縁《ふち》の形態が見出されます。

二個の集合の積集合は、両方の集合に属している諸要素から構成されています。主体があの弁証法によってそこへと導かれていく第二の演算が、この場所で発生します。この第二の演算を定義することは、第一の演算の場合にまさるとも劣らぬほど本質的です。なぜなら、後に見るように転移という領野が指し示しているのは、この演算にほかならないからです。私自身の第二の新語を導入して、この第二の演算を「分離 séparation」と呼ぶことにしました。

「separare〔ラテン語、分離する〕」つまり「séparer 分離する」という語から、「se parare〔ラテン語、自分を準備する〕」つまり「se parer 身を飾る、ひけらかす〔フランス語、parer 飾るの代名動詞形〕」という語へと、道が通じています。フランス語の「se parer」の意味は、着る s'habiller、自分を守る se défendre、あるいは警備するのに必要なものを取り揃える se fournir など、さまざまに変動します。ここでさらに、ラテン語の「se parere」まで、話を進めることができます。このことは、ラテン語学者にも確認済みです。今話題にすべきこの語の意味は、「生み出される s'engendrer」ということです。いかにして主体は、まずこの水準から、自分を獲得する se procurer べきだということになるのでしょうか。ラテン語で「生む engendrer」ということを意味するこの「parere」という語の起源も、実はそのあたりにあるのです。興味深いことに、インド・ヨーロッパ語圏において「生み出す mettre au monde」という意味を表す他のすべての語と同様、この語も法律上の用語なのです。ですから、まさにあの「分娩 parturition」という語も、夫に子供を獲得させる procurer un enfant au mari という、法律的な、さらに言えば社会的な操作を意味する語を、その語根のうちに起源として持っていることになります。

一般に言われてきた「ヴェル」とはまったく違った、私の言うあの疎外する「ヴェル」の機能に照らして、この積集合の概念をどのように使うべきかを、私は次回みなさんに示そうと考えているのですが、まずこの積集合が二つの欠如の重なりから現れるということを、ここで見ておくことにしましょう。

そのうち一個の欠如に主体が出会うのは、〈他者〉の中で、すなわち〈他者〉が自身のディスクールによって主体に対して行う通告の中において、です。〈他者〉のディスクールの間隙において子供の経験のうちに次のような事態が生ずるのがはっきりと見て取れます。「彼は僕にこれを言っている。でも彼が望んでいることは何だろう」。

シニフィアンたちを分断してはいるが、まさにシニフィアンの構造の一部をなしているこの間隙は、私が私の話の他の脈絡で換喩と呼んでいるものの座があるところです。まさにそこで、輪回しの輪のように、我われが欲望と呼ぶべきものが這い進み、滑走し、逃れ去ります。〈他者〉の欲望は、主体にとって、何かうまく収まらないものとして、〈他者〉のディスクールの欠如として、捉えられます。子供が発するあらゆる「なぜ?」は、ものごとの理由を求める貪欲さを証言しているというよりも、むしろそれは大人を試すもの、すなわちいわば「なぜそのことを僕に言うのか?」という問いなのです。この問いは、大人の欲望という謎を土台として、つねに繰り返し呼び起こされます。

さて、この捕捉に答えるために、粗忽者のグリブイユ氏である主体は哀れにも、先立つ欠如、つまり己れ自身の消失をもって、その答えとします。彼はこの消失を、〈他者〉の中に見つけられたあの欠如の場へと位置づけようとするのです。対象の不明な親の欲望に対して子供が差し出す最初の対象、それは、己れ自身の喪失です。「彼は僕を失いたいのかな?」というわけです。己れの死、己れの消失という幻想こそが、この弁証法の中で、主体が使いうる最初の賭け金です。実際彼はそれを賭けるのです。このことはまさに、神経性無食欲症の例のうちに、我われがつねに目にしていることではあります。

我われはまた、自分の死という幻想を、子供が両親との愛の関係の中でしばしばかき立てていることも知っています。

一つの欠如がもう一つの欠如と重なります。これ以後、主体の欲望と〈他者〉の欲望――それらが同じものであると申し上げたのはもう昔のことになりましたが――の接合点をなしている欲望の諸対象の弁証法は、そこには直接の答えがないということを通じて進みます。先の時点で生み出された欠如こそが、次の時点で呼び起こされた欠如に答える役目を果たしているのです。

この新しくまた根本的な論理学的演算の中には、私が今日主張しようと思った二つの要点があります。それは非相互性と、回帰における捩じれですが、それらについても私はすでに十分に強調してきたと思います。

質疑応答

J＝A・ミレール――主体は、己れにとって外部にある領野の中で生まれ、その領野によって構成され、その領野において命を授けられている。主体の疎外はこのような定義を受けましたが、それでもやはりこの疎外は自己意識の疎外とは根源的に区別されるものだということを、あなたはお示しになりたいのではないでしょうか。手っ取り早く言うと、ラカンをヘーゲルに「対抗する」ものとして理解しなくてもよいのですか。

とてもよいことを言ってくれました。ちょうど昨日グリーンが言ったこととは反対ですね。彼は近づいてきて、私の手をぎゅっと握りました。少なくとも気持ちのうえでは。そしてこう言いました。「構造主義は死んだ。あなたはヘーゲルの息子だ」。しかし私は同意できません。ヘーゲルに「対抗する」ラカンと言ったあなたの方が、はるかに真実に近いと思います。もちろんここで哲学的論議を始めるつもりはまったくありませんが。

グリーン博士――息子たちが父殺しをやっている！

一九六四年五月二七日

訳註

（1）「女性同性愛の一事例の心的成因について」藤野寛訳、『フロイト全集17』岩波書店。

（2）「演算」と訳した語 opération は、文脈に応じて「操作」とも訳した。

（3）本書XV課一七三頁の図参照。$S_2 \to \not{S}$ への矢印。

（4）ラテン語の「……か……か」という語。

（5）J・ラプランシュ、S・ルクレール『無意識——精神分析的試論』、アンリ・エー編『無意識II——無意識と言語』早水洋太郎訳、金剛出版所収。

（6）insensé「無分別な」「気の狂った」の意があるが、ここでは語根 sens の意を汲んで「反意味的」と訳した。

XVII　主体と〈他者〉（II）――アファニシス

「表象代理 Vorstellungsrepräsentanz」の問題
自由
表象とヘーゲルのルアー
デカルトの欲望
懐疑論、確信、そして知っていると想定された主体
小文字
パヴロフの実験の価値

今年度の講義のはじめに私はこう言いました。「私は探し求めたりしない、私は見出すのだ」。それはこういう意味です。つまり、フロイトの領野では見出すべきものを拾い集めるには、屈みさえすればよい、ということです。たとえば「事後に nachträglich」という概念は、そこにあって拾い上げさえすればよかったにもかかわらず、実際の影響

という点では無視されてきました。また、「一なる印 einziger Zug」から何が作り出されうるかを見て、私と同じ探求の道の上にあった人が驚いていたことも、思い出されます。

今日は、すでに前回のシェーマでも指摘されていることですが、フロイトが抑圧の水準で「表象代理 Vorstellungsrepräsentanz」と呼んでいるものの重要性についてお話ししたいと思います。

1

「表象代理 Vorstellungsrepräsentanz」という語には、ドイツ語としては規則外れの「s」を要求するある種の亀裂があります。「s」は限定詞の正規の語尾変化ではありませんが、「表象 Vorstellung」の場合には複合語を作るときに必要です。ここには「Vorstellung」と「Repräsentanz」という二つの語があるわけです。

前回は疎外の形態についてお話ししました。いくつか例を挙げて説明し、それはきわめて特殊な性質の「ヴェル vel」によって分節化しうる、と言いました。今日はそのことを別の仕方で言い表してみましょう。たとえば、「これがなければ、あれはない」と言います。奴隷の弁証法、それは、たしかに「命がなければ、自由はない」ですが、しかし、奴隷にとっては自由のある命などないでしょう。一方から他方へ行くには一つの必要条件があるのです。この必要条件がまさに最初の要請の喪失を引き起こす十分な理由となるのです。

こういうことはおそらく、私についてくる人たちにも生じることでしょう。私の諸々のシニフィアンを経由しなければ、私についてくる手段もありません。しかし、私の諸々のシニフィアンを経由することによって疎外感を抱き、彼らは、フロイトの表現に従うなら(1)ちょっとした差異を探し求めようとします。不幸にも、このちょっとした差異が私の示した方向性の射程を見失わせてしまうことになります。そういうわけで――私はそれほど扱いにくい人物ではありませんし、私の示した方向性の中で各自がそれぞれの道を進むようにしていますから――私は「Vorstellungsrepräsentanz」の私の最初の訳語の中で、某氏にとっては修正することがきわめて重要と思われたことについて、言及などせずに済ませたかったのです。

私が取り上げたのは、フロイトが抑圧は表象の次元に属するなにものかに関わっていることを強調し、そのなにものかをフロイトが「Vorstellungsrepräsentanz」と名づけている、ということです。

何年も前にこの指摘――この指摘は、メタ心理学としてまとめられた一連のテクストのうちで、無意識についての論文の次に当たる『抑圧 Verdrängung』という題の論文の読み方に関連したものだったのですが――を導入して以来、私は抑圧されているものは決して情動《アフェクト》ではないとフロイトが強調していることに固執してきました。情動――これが我われの理論では何を意味するかいずれお解りになると思いますが――は行けるところはどこへでも出かけていきます。いつの時代にも心理学の教授はごまんといますし、彼らは情動などもはやありもしない場で情動が意味を持つということを、患者について証明することでしょう。ですから私はこう強調したのです。抑圧されているもの、それは欲望が表象されたものや意味内容《シニフィカシオン》ではなく、「代理」――私は文字通り訳したのです――つまり「表象」の「代理」である、と。

ここでさきほどの疎外の機能が某氏に現れてくるのです。その人は大学の権威の特権を守ろうとして、また職務を果たすのだと自惚れて、私の訳を訂正すると主張しています。そして「Vorstellungsrepräsentanz」、それはいわば「表象的な代理」だ、と言います。

こうしたことは取るに足らないことのように見えます。しかし最近出版された心身医学に関する小冊子を見ると、欲望に関する私の理論と呼ぶべきものに見られる無知とやらについて議論されています。さらに、私の二人の弟子が著したテクストから抜粋したとしながらも出所が不明なものを拠り所にした脚註の中で、その二人の弟子が私にしたがって欲望を欲求の表象的な代理としている、と強調しています。その二人の弟子が実際にそう書いているかどうかは議論しませんが――結局その箇所は見つかりませんでしたから――、重要なことは、このきわめて内容の乏しい小冊子の中で唯一妥当な指摘として「我われとしては、欲望とは表象的でない代理である、と言うだろう」と述べていることです。

それこそまさに、「Vorstellungsrepräsentanz」を「表象の代理」と訳すことによって私が言いたいことですし、私が言っていることです。私が言いたいことを、私は言っているのですから。

我われはこの「Vorstellungsrepräsentanz」を疎外の始原のメカニズムに関する我われのシェーマの中に位置づけることができます。このシェーマはシニフィアンの最初のカップリングであって、これによって我われは、主体がまず〈他者〉の中に現れることを理解することができます。そのことが起きるのは、最初のシニフィアン、すなわち一なるシニフィアンが〈他者〉の領野に出現するかぎりでのことであり、またこのシニフィアンが他のシニフィアンに対して主体を代表するかぎりにおいてです。そしてこの他のシニフィアンは主体の「アファニシス」という効果を持つことになります。ここから主体の分割という事態が生起します。それは、主体がどこかで意味として現れるとき、別のところで主体は「fading」として、消失として顕わになる、ということです。ですからそこには、一なるシニフィアンと、二なるシニフィアンとしての主体との間に、こう言ってよければ、生と死という事態があるのです。この二なるシニフィアンは主体の消失の原因です。そして、「Vorstellungsrepräsentanz」とは、まさにこの二なるシニフィアンなのです。

このシニフィアンこそが「原抑圧 Urverdrängung」の中心点を構成することになります。すなわちフロイトの理論に示されているように、無意識へと移されて「引力 Anziehung」の点となるものの中心点を構成するようになります。他のあらゆる抑圧はそこを起点として生じてきますし、「押し下げられたもの Unterdrückt」、すなわちシニフィアンとして下へと移されたものの場への移行も同じことです。このことこそが「Vorstellungsrepräsentanz」という語において重要な点です。

主体が疎外の「ヴェル」からの回帰の道を見出すのは、先日私が「分離」と呼んだ操作を通してです。分離を通じて主体は、疎外的な本質を持つものとしてのシニフィアン的分節化という原初的カップル、このカップルのいわば弱い点を見出すのです。この二つのシニフィアンの間隙にこそ欲望が横たわっており、主体の関わる最初の〈他者〉――解りやすくするために、ここでは母としておきましょう――のディスクールの経験の中での主体の位置決定のために差し出されています。主体の欲望が構成されるのは、母親が話したり、言いつけたり、意味として出現させることの向こう側かこちら側に母親の欲望があるかぎりにおいてであり、その欲望が知られていないかぎりにおいてであり、要するにこの欠如の点においてなのです。ですから主体は、騙しを伴うある過程、根本的な捩じれ――主体が見出すものは再発見という主体の動きを活気づけるものではないという捩じれ――を示さずにはいないある過程を通じて、始原の点へと戻るのです。始原の点とは、主体の欠如そのものの点、主体の「アファニシス」という欠如の点です。

このことから治療そのものについて導き出される帰結をいずれ詳しく再検討し、この捩じれの効果が転移からの離脱の局面を統合するうえで必要不可欠であることを検討しましょう。さしあたりは、欲望の機能に本質的なものに的を絞りたいと思います。すなわち二なるシニフィアンである「Vorstellungsrepräsentanz」が「押し下げられ unterdrückt」、下に落ちるのは、主体が分離に際して自身のパートを演じることになるかぎりでのことです。

これはきちんと分節化することがぜひとも必要な事柄であり、それがひじょうに多様な領域にただちに光明をもたらしてくれるでしょう。それが解釈の記号です。我われの技法は結局、まるで自明のことのように何々を「自由にする」という表現を頻繁に使っていますから、たとえ形而上学的に見えようとも、ついでに次のことを指摘しておくのは無駄ではないでしょう。つまり、そこにおいてこそまさに、亡霊と呼ぶにふさわしいこの自由という言葉に関わることが演じられているのだ、ということです。主体が自由になるべきは、二なるシニフィアンの持つアファニシス的効果からです。そして詳細に見れば、自由の機能において問題となっているのは実際そのことにほかならないことがやがて解ります。

疎外の「ヴェル」という項の正当性を我われの経験の水準で証明する必要があるために、我われの思いついたもっとも解りやすい支えは、一方を奴隷の立場として、他方を主人の立場として、定式にしたがって構造化する二つの選択でした。このことには重要な意味があります。奴隷に与えられている選択は自由か命かですから、その解決は「命がなければ自由はない」、すなわち自由をくり抜かれた命が残る、ということになります。もう少し遠くまで射程に入れて見るならば、主人の疎外もこれとまったく同じ仕方で構造化されることがお解りになるでしょう。というのは、主人という境位は純粋な威信についての死を賭した闘争によって打ち立てられる、とヘーゲルが言うのは、主人もまた自らの選択に死を経由させることによって自らの根本的疎外を構成しているからにほかなりません。

奴隷と同様に主人も死から逃れられないし、最後には必ず主人も死んでしまう、それが主人の自由の限界だ、たしかにこのようにも言えましょう。しかしそれだけではまったく不十分です。というのは、このような死は主人の疎外的選択を構成する死、すなわち純粋な威信についての死を賭した闘争による死ではないからです。主人の本質が暴き出されるのは、彼自身が「自由か死か」と問われる恐怖の瞬間、すなわち自由を得るには死を選択するしかない恐怖の瞬間です。主人の最高のイマージュはクローデルの悲劇の登場人物、シーニュ・ド・クーフォンテーヌです。それについては以前セミネールの中で長々とお話ししました。彼女は自分の領域、すなわち主人の領域を決して手放そうとはしませんでした。そして彼女が身を捧げたこの価値は、彼女に身を捧げさせたばかりか彼女のもっとも深奥の存在そのものまでも放棄することを余儀なくさせたのです。そのような価値に身を捧げることによって自らの本質を、存在そのものを、そしてその存在のもっとも秘められたものを放棄せざるをえないという点で、結局彼女は主人自身における自由からの根本的な疎外を身をもって描き出しています。

2

「代理 Repräsentanz」という言葉は、人間のあらゆる領野でコミュニケーションが行われる現実的な水準で事が生じるその仕方に従って理解されるべきだ、ということはここでわざわざ強調するまでもないでしょう。

この代理とは、我われが通常、たとえばフランス代理と呼ぶときのような意味です。外交官たちが話し合うとき、彼らはどうしなくてはならないでしょうか。彼らは、相手に対して純粋な代理というこの機能だけを果たそうとします。とりわけ自分固有の意味内容《シニフィカシオン》を持ち込まないようにしなくてはなりません。外交官たちが話し合うとき、彼らは、その意味内容が流動的ではあっても彼ら個人を越えたなにものか、つまりフランスとかイギリスとかを代理すると考えられています。その話し合いの中では、それぞれの外交官は相手が純粋なシニフィアンとしての機能によって伝達したことだけを登録しなくてはなりません。彼は、相手が目の前にいるものとして、人間として、感じが良いとか悪いということを斟酌してはなりません。相互心理学はこの場合不純物なのです。

「Repräsentanz」という言葉はこの意味で受け取られるべきです。シニフィアンはシニフィアンそのものとして登録されるべきであり、それは意味内容の対極にあります。意味内容が問題となるのは「表象 Vorstellung」の方です。

心理学で扱っているのはこの「Vorstellung」です。そのとき、世界の諸対象はいわば主体という括弧のもとで引き受けられ、そこで a a′ a″… というひと続き全体が展開されます。認識の理論が依拠する主体性はここに位置づけられます。もちろん、すべての表象には主体、一つの主体が必要です。しかしこの主体は純粋な主体ではありません。個々の主体は世界の中からその固有のあるいはもともとの「世界観 Weltanschauung」で栄養を取っていると考えてしまうと、時代遅れの心理学や社会心理学が示すように、真理への道はさまざまな「Weltanschauung」の調査、全体化、統計を経由しなくてはならないことになります。世界の中に主体があるとするならば、そしてそれぞれの主体が何らかの世界観を表象するという課題を帯びているとするならば、そういうことにもなるでしょう。

ここにこそ、哲学的観念論——それは支持することのできない、そして根本的には支持されたことのないものですが——の本質的な失敗があるのです。どこかに主体の「アファニシス」がなければ主体はありえません。この疎外、この基本的な分割においてこそ主体の弁証法は打ち立てられるのです。

私がヘーゲルの弁証法にこだわっていることに関して先回なされた質問に答えるためには、「ヴェル」のせいで、つまり弱点、バランス点のせいで主体は無意識の場である〈他の〉場における自身の「アファニシス」によってしか意味の水準に出現しない、と答えるだけでは不十分でしょうか。さらに、ここにはいかなる媒介もありません。絶対知を目指して始められた実際の経験は、継続的総合というヘーゲルの予見を例証するいかなるものも、ヘーゲルが曖昧に(2)この総合という段階と結びつけた瞬間を約束するように見えるいかなるものも——誰かがこの瞬間を「人生の日曜日」というタイトルで面白おかしく描いていますが、それは、もはやいかなる開口部も主体の核心に開かれてはいないときのことです——我われにもたらすことはありません。私はお望みとあらばこのことをはっきりと示すことができます。

ここでヘーゲルのこのルアーが何に由来するかを示しておくことは必須でしょう。それはデカルトの「我思う」の歩みの中に含まれています。歴史の中に、我われの経験の中に、我われの必然性の中に疎外の「ヴェル」を持ち込み、我われにそれを無視することを永遠にさせないようにした最初の点を、私はこの「我思う」の中に示しました。デカルトの歩みの中でこそ、あの「ヴェル」が初めて主体の弁証法を構成するものとして取り込まれ、以来これは取り除くことのできない主体の根源的な根拠となっているのです。

こういうことを申し上げているのは、今後ここで転移という経験のいくつかの特徴へと戻り、この経験の特色を示すために必要となるからです。

3

デカルトの歩みを「エピステーメー」の他の古い探求から区別するもの、「エピステーメー」の一つであった懐疑論からそれを区別するもの、それこそ、我われがこれから疎外と分離という二重の機能を出発点として述べようとしていることです。

デカルトが求めていたのは何でしょうか。それは確信です。彼は言います、「私には真実と誤りとを区別する術を学ぼうとする並外れた欲望――欲望という語に下線を引いてください――がある」、「はっきりと見るために」――何においてでしょうか――「私の行動においてはっきりと見るために、そしてこの生を確かさをもって歩くために」。

これは、知が目指しているものとはまったく違うものではないでしょうか。この歩みは弁証法論者の歩みでも、教授の歩みでも、ましてや騎兵の歩みでもありません。この点はすでに注目されています。デカルトの伝記はまず彼の世界放浪、彼の出会い、結局は彼の隠された意図――「仮面を付けて進む Larvatus prodeo」――について書いています。著作の意味に比べれば伝記の視点など二次的だと考える人々に与している私がこういうことに触れるのは、デカルト自身が、彼の伝記、彼の歩みは、彼の方法つまり彼が見つけた真理への道を伝えるために必須である、と言っているからです。

彼は、自分がもたらしたものを次のように正直に述べています。それは、ベーコンがその数年前に試みたような、たとえば経験を前にして理性を放棄することなく、理性をうまく導く一般的な手段ではない、と。これは彼個人の方法なのです。つまり、はっきりと見るために——何においてでしょうか、「私の行動において」です——真実と誤りとを見分ける術を学ぼうという欲望を持ってこの方向へと向かった彼個人の方法なのです。ですから、この例は特殊なものです。そして彼は、もし私にとってある時点では私の道であったものが他の人たちには良くないように見えることがあったとしても、それは彼らの問題であり、彼らは取り入れるべきものを私の経験から取り入れればよい、とすら言い添えています。これが、科学へと繋がるデカルト自身の道の彼自身による導入の一部なのです。

だからといって、知が目指すものはそこには何もないということでしょうか。デカルトの取り組みには知の重みが欠けているということでしょうか。しかし彼が知の重みから始めたことは確かです。知はそこにあり余るほどに、つねに、そしてなおもあるのです。この点に触れるように強いるのは私ではなく、デカルトのテクストそのものです。彼は当時最高の教授たちの教えを受けた、コレージュ・ド・ラ・フレーシュの卒業生であり、イエズス会士の門弟でした。知、あるいはサピエンスという点に関するならば、彼においてこれに事欠くということはありませんでした。

あえて言えば、イエズス会を離れるときにこそ彼は知の過剰というこの鋭い感覚を抱いたとさえ言えるでしょう。ヒューマニズム的な一種の知恵を通じて脈々と続いているものの内奥にも、「屍体の如くに perinde ac cadaver」(3)と同じような隠された何かがあるのではないでしょうか。それは通常それがあるとされているところ、つまり聖イグナティウスの規律が要請するような、彼らが言うところの死の中にあるのではありません。私自身はこの何かを特に感じているというわけではありません。外から見ている私にとってはイエズス会士たちはむしろつねにそこにいて、生き生きとしているように見えます。しかも彼らは自分たちの存在を、そのあり方はさまざまであっても死を連想させるようなあり方からは程遠い仕方で、十分に感じさせています。むしろここで問題となっている死は、ヒューマニズム的な考え方のもっとも活発なところで、ヒューマニズムという概念そのものの背後に隠されている死です。「人文科学 sciences humaines」という名のもとに人々が活気づけようとしているこのヒューマニズムという言葉そのもののうちにまで、我われが後に押し入れの中の死体と呼ぶなにものかがあるのです。(4)

この点においてこそデカルトは新たな道を見出したのです。彼の狙いは不確かな知を拒絶することではありません。彼はさまざまな知を、そしてその知とともに社会生活上のすべての規律を、それが漂うままにしておきました。一七世紀初頭というこの歴史上の時点、つまり主体が出現する端緒の時点では、誰の周囲もそうであったように、デカルトの周囲にもまた多くの自由人がいました。自由人は繁殖し、いわば疎外の「ヴェル」のもう一方の項のようなものでした。彼らは実際にはピュロン派の人、懐疑主義者でした。パスカルは彼らをそれにふさわしい名で呼んでいます。ただ彼はその意味と特徴を十分に自由な仕方では強調していませんが。

懐疑論は、知の歩みが進んでいこうとするあらゆる主張、あらゆる道を次々と取り上げて疑問に付すということではありません。それは、「人は何も知ることはできない」という主体の位置の持ち方です。そのことについては歴史上のさまざまな人物を挙げて、その広がりや波紋によって実態を描いてみるのもいいでしょう。モンテーニュこそは、懐疑論に関わった人物というよりもむしろ主体の「アファニシス」という生きた契機に関わった人物であるということを示したいと思います。そして、それゆえにこそ彼は実り豊かであり、歴史の転回点を代表する者であるというだけでなく、それを越えた永遠の先達であると言えるのです。しかし、それは懐疑論ではまったくありません。懐疑論は今では我われの知らないなにものかです。懐疑論は一つの倫理です。懐疑論は生において人間を支える一つの様式です。それはあまりに困難で、あまりに英雄的な立場ですから、我われはもはや想像することすらできないほどです。想像すらできないのは、おそらくデカルトの発見したこの通路のせいでしょう。この通路は確信への道の探求を疎外の「ヴェル」の点そのものへと導きます。そこにはただ一つの出口しかありません。それが欲望の道です。

この確信の欲望、それが疑いにしか至らないとしても、デカルトにとっては、それはそれで結構なことです。つまり、この道を選んだために彼はひじょうに特異な分離の演算を行うに至ります。このことについてはいくつかの点に触れるだけにしようと思いますが、それらの点は、我われの無意識の探求の方法において今なお生き生きとそこにあり、導きとなっているある本質的機能を、それがどれほど隠されていようと、捉える際に役立つ目印となるでしょう。

4

デカルトにとって確信は、いったん越えれば獲得したものと見なしうるような契機ではありません。そのつど、各人によって反復されなくてはならない契機です。それは一つの行《ぎょう》です。それは、行の価値である断固たる決意において守り抜くのがとりわけ困難な一つの方向性です。それはまさに、何か分離されたものを創設することです。

デカルトが確信という概念を初めて使用したとき、この確信は思惟の「我思う」に全面的に由来しており、似たものでは決してない二つのもの、すなわち懐疑論と知の消滅との間にあって、出口を持たないという特徴を持っているのですが、彼の間違いは、それこそが知であると信じたところにある、と言えるでしょう。つまり、この確信について何か知っていると言ったこと、「我思う」をたんなる消滅の点にしなかったことにある、と言えるでしょう。反対に彼は別のものを作り出しました。それは、徹底的な宙づり状態に置かれなくてはならないと彼が述べたあらゆる知が彷徨《さまよ》っている領野、彼の名づけていない領野に関わるなにものかです。彼はこれらの知の領野をより広い主体、知っていると想定された主体、神の水準に位置づけます。ご存じのように、デカルトは神の現前を再び導入せざるをえなかったのです。しかしなんという奇妙な仕方で、でしょうか。

そこでこそ、永遠の真理という問いが立てられます。彼の面前に騙す神が決していないことを確かめるために、彼はある神という媒介を経由せねばなりません。ちなみに、そもそも彼の領域で問題となっているのは完全な存在というよりも、むしろ無限の存在です。彼以前の誰もがそうであったようにデカルトもここで次のような要請にとらわれているのでしょうか。つまり、すっかり顕在的となった科学知がどこかに実在するということによって——どこに実在するかというと、それは神と呼ばれる実在する存在に、ですが——、すなわち神は知っていると想定することによって、科学研究全体を保証しようとする要請です。

分析経験の領野からずいぶん離れてしまったと思われるかもしれません。しかし、ここでこのことを指摘するのは、弁解するためと同時に、分析経験の水準にみなさんの注意を保つためですが、知っていると想定された主体は分析においては分析家なのです。次回は、知っていると想定された主体の機能が導入されるためには、完全で無限の存在という概念の必要は我われにはまったくない——これらの次元を自分の分析家に割り当てようと考える人がいるでしょうか——ということがどのようにして生じるかを、転移の機能に関して議論すべきでしょう。

デカルトと彼の知っていると想定された主体に話を戻しましょう。彼はどうやってこの難局を乗り切るのでしょうか。それはご存じのように、彼の主意主義によってであり、神の意志に与えられた優位性によってです。これはたしかに、精神の歴史上並外れた論法の一つです。永遠の真理が永遠であるのは、神がそう望むからだ、と言うのですから。

みなさんもそのような解決の仕方は見事だと思われることでしょう。つまり、真理のある部分全体を、特に永遠の真理を神に任せてしまう、という仕方です。よく理解していただきたいのですが、デカルトが言いたいのは、そして言っているのは、もし2足す2が4であるとすると、それはただたんに神がそう望むからだ、ということです。それは神の業《わざ》だ、というわけです。

さて、それは神の業だというのは本当ですし、2足す2が4だということも神がいなければ、自ずから生じるようなことではないというのも本当です。

ここで私の言いたいことを例を挙げて説明してみましょう。デカルトは彼の手続きや彼の方法について語ったとき、彼の方法の二つの項、つまり明確な観念と混乱した観念、単純な観念と複雑な観念、その二つの項の間にしたがうべき順序を設けています。1足す1足す1足す1が4にならないということも結局まったくありうることですから。そして、ぜひとも言っておかなくてはならないのは、今説明している疎外の「ヴェル」の話の基になった事柄はその見事な例であるということです。というのは、基数の順序においては、そのことはおおよそこのように表せるからです。

$$1+(1+(1+(\cdots)))).$$

新たに項を付け加えるたびごとに、いつも一つかあるいは複数の他の項が指から擦り抜けていく恐れがあります。4に至るために重要なのは、基数ではなく序数です。まず最初になすべき知的演算があり、次に第二の、そして、第三の、第四の、となります。もし順序通りに演算しなければ、間違えるでしょう。足して最後に3になるか4になるのか、あるいは2になるのかを知るということは相対的に二次的なことです。それは神の業です。

そこでデカルトが導入するもの——それはすぐに例をもって説明されています、というのも彼は、『方法序説』と同じ時期に彼の幾何学と彼の屈折光学を導入しているからです——、それはこういうことです。彼は彼の代数学のa、b、cなどの小文字を、大文字に代えて導入するのです。大文字、それは言ってみれば神が世界をそれを用いて創ったというヘブライ語のアルファベットのことです。そして、ご存じのようにそれぞれの文字に裏面があり、数が対応しています。デカルトの小文字と大文字との差異、それはデカルトの小文字は数を持たず、相互に交換可能であり、そしてただ置き換えの順番だけがその操作を決定する、ということです。

〈他者〉が現前することで含意されているものが数の中にはすでにあることを説明するには、数列は潜在的な仕方であれともかくゼロを導入しなければ描くことができない、ということを指摘しておけば十分でしょう。ところでこのゼロ、これこそが主体の現前です。主体というのは、この水準では合算している者です。ゼロを、主体と〈他者〉との弁証法から引き出すことなどできません。この領野の見かけ上の中立性が欲望の現前そのものを覆い隠しているのです。そのことを説明するつもりですが、それが解るのは後になってだけですから、むしろ欲望の機能についてもう一歩進めることになるでしょう。

実際、デカルトは、神が何の関わりも持たないある科学の出発基盤を創始しています。というのは我われの科学の特徴は、そして古代の科学との違いは、冗談でもなければ誰もあえて、神がそのことについて何か知っているだろうかとか、神が最新のところを知りたいと現代数学概論を繙くだろうかとか、自問すらしないということです。

今日は十分に進みましたので、これくらいにしておきましょう。今日はここでおしまいにして、今年の私の講義の最終目標をお示ししておきましょう。それは科学における分析の位置という問題を提起することです。分析は、神が何の関わりも持たないものとされているかぎりでの現代の科学の中に位置づけることができるものなのでしょうか。

質疑応答

グリーン博士――「表象代理 Vorstellungsrepräsentanz」の問題と、それに引き続いておっしゃったこととを繋ぎ合わせる手段はないものでしょうか。特に、主体と鏡との関係から出発して。というのは、この関係は主体を、鏡の中の知っていると想定された主体へ差し向けますから。

いや、それはなんと！　要するに……私はあなたがおっしゃるような方向へ向かうつもりはありません。というのは、それは一つの短絡路だと思うからです。

「Vorstellungsrepräsentanz」をもう一度取り上げましたが、そのことが向かう点、それは今日の話の中でぜひとも必要な点ですが、その点は、シニフィアンと主体との間の選択、すなわち「ヴェル」がそこに現れるという意味で、自由の機能の潜在的な点であると申し上げたあの点です。このことを私は、自由のさまざまな化身とでもいうべきものへの抜け道によって説明しました。もっとも、まっとうな人は結局もちろん自由を見出すことは決してできませんが。その後、そんなことなどほとんど気にかけていない――行為という点では別ですが――デカルトへ話題を移しました。彼の自由がやってくるのは、行為において、また彼がその確信を見出す道を介してです。だからといって彼が自由を銀行預金として後世に残してくれたと言っているわけではありません。

「Vorstellungsrepräsentanz」の場所、この場所を次回も通らなければならないでしょう。〈他者〉の機能をめぐって今日どうしても導入せざるをえなかったいくつかの用語を転移という水準で取り上げるのは、その後になるでしょう。この場所は一見したところ我われの領野からははるかに遠い事柄です。つまり、まさしくそれは心‐身ということです。

心‐身、これは一つのシニフィアンではないなにものかですが、それでもやはりそのなにものかは、主体の水準でのシニフィアン的誘導が、主体の「アファニシス」が働かないような仕方で生じたと考えなければ、理解することはできません。

さきほど申し上げた小冊子、この本のたくさんの下らないおしゃべりは想像がつくと思いますが、私に対してではなく――おかげさまで私はこの指摘にとやかく言われることはありませんから――私の名前で語っている人たちに対して反論しようとしているにもかかわらず、この本の中でちょっとした重要なことが指摘されています。その指摘とは欲望は欲求の代理ではないということです。心‐身という領野では、「Vorstellungs-repräsentanz」は我われの解釈の働きを大いに制限することになるでしょう。なぜなら「アファニシス」というかぎりでの主体は解釈の作用に関わりはありませんから。身体について生じていることのすべてには心的な裏地がある、というようなまったくの無駄話とは違うものとして心‐身のことを考えることができるのは、欲求が欲望の機能に巻き込まれているからです。これは、はるか以前から知られていることです。我われ分析家が心‐身について語るのは、欲望がそこに介入するに違いないからです。というのは、たとえ我われが主体の「アファニシス」の機能をもはや考慮に入れることができなくとも、鎖の輪としての欲望がこの心‐身に保持されているからです。

条件反射において重要なことが何であるか、みなさんにはお解りいただきたいと思っています。私はこの領野にこそ関わっているのですから。パヴロフの実験について、この実験は次のようなかぎりでのみ可能である、ということが十分に指摘されているとは言えません。つまり、生物学的機能、すなわち欲求の統一と全体化という機能を我われがそこに帰しているものの遂行過程が分解可能であるというかぎりでだけだ、ということです。この遂行過程は分解可能なのです。なぜならそこには複数の器官が介入しているからです。肉の切れ端を見せて犬に唾液の分泌を一度起こさせれば、みなさんが次に興味を引かれるのは、唾液の分泌のところでものごとを断ち切り、この唾液の分泌は実験者が作り出したものゆえシニフィアンとして機能しているような何かと繋げることができる、ということを示すことです。言いかえると、そこには〈他者〉がいるのです。

しかしこの不幸な動物がもっているいわゆる精神作用については、この実験はまったく何一つとして示していません。実験によって作り出されたいわゆる神経症すら、神経症ではありません。それは単純な理由です。つまりこうした神経症はパロールによって分析することはできないからです。この条件反射の主要な意義は、動物は何を知覚できるかを我われに教えてくれたことです。我われがシニフィアンを使うのは――このシニフィアンは犬にとってはシニフィアンではありません、シニフィアンがシニフィアンとして機能するためには差異の中に記入されなくてはなりません――動物によって「知覚されたもの perceptum」の水準に差異をもたらしうるものは何であるかを理解するためです。だからといって、犬がそれを「知覚する者 percipiens」――この語が主体を示すという意味で――になる、というわけでは絶対にありません。この実験の重要な意義は、知覚という水準における示差的な〔区別可能な〕幅が動物においてはどんなものかを示してくれたことにあります。もっとも、ここには実験者以外の主体はいませんから、必然的にこの知覚は表象とは無関係です。この実験はさらに多くのことを示しています。事実この実験で我われは我われ自身の知覚について動物に問いかけています。パヴロフの実験の射程をこのように限定しましたが、そのことは反面、お解りのように、この実験に対してひじょうな重要性を与えているのです。

この実験の実際の科学的な利点は、今申し上げた点です。そしてこの実験が有効に用いられるのはまさにそのことのために ほかなりません。

この実験の意義は結局、次のような事実が我われに提起する問いを明らかにすることにあります。つまり、動物においては、シニフィアンは――動物の知覚の中にシニフィアンを段階的に並べるのは我われ実験者ですから、このシニフィアンは我われのシニフィアンですが――シニフィアン相互の一種の等価性を表しているということが見出される、という事実です。

この問いを明確にして、それを私が解くと言っているのではありません。

この種の等価性はさらに、数についてのリアリズムの問題をある形で点検させてくれます。その形は、さきほど数の使用すべてがどんな問いを含んでいるかを示しましたが――そしてその結果が、算術とは代数学の侵入によって文字通り抹消された科学であるということですが――、そのときのような形ではまったくありません。この条件反射では、数は、正しい意味でパヴロフの信号と呼ぶことのできるものという形で、純粋な周波数として介入しています。それはつまり、一秒間に一〇〇回の視覚的な誘発刺激によって条件づけられた動物は、一秒間に一〇〇回の聴覚的な誘発刺激に反応するということです。このようにして新たな一つの問いが科学実験の中に導入されています。しかしまだおそらく、周波数を数えている我われにとっては別としても、シニフィアンという境位を十分に与えることのできるようなものが問題になっているわけではありません。

しかしそれにしても、動物がある領域における一〇〇という周波数を、学習期間なしに、他の領域の一〇〇という周波数へと移すという事実、この事実によって知覚に固有な構造という点に関しておそらくもう少し歩を進めることができるでしょう。

今の質問を利用して、みなさんに言いたかったけれども言わなかったことを言いました。このくらいにしておきましょう。

一九六四年六月三日

訳註

（1）「文化の中の居心地悪さ」嶺秀樹・高田珠樹訳、『フロイト全集20』岩波書店、一二六頁「小さな差異のナルシシズム」という表現がある。

（2）レイモン・クノー『人生の日曜日』のこと。

（3）イエズス会修道僧たちのモットー。

（4）「cadavre dans le placard 押し入れの中の死体」とは、知られたくない秘密がある、悪事をひた隠しにしている、といった意味の成句。

XVIII　知っていると想定された主体、最初の二つ組、そして善について

分析家に寄せられる信頼
科学「なるもの」
知っていると想定された主体があれば、すなわち転移がある
信仰
「あっち－こっち fort-da」のうちに把握されている疎外
快の中の疎外

私の教育の狙いは、分析家を養成することであったし、今もそうです。分析家の養成の問題は、精神分析の研究の中でも今や避けて通れない主題となっています。ところが、すでに先日その例証となるものをみなさんにご紹介したように、精神分析の文献の中では原理原則がこの主題から逸れてしまっているありさまなのです。分析家の養成過程を経てきたすべての者にとって、これは経験から明らかなことです

が、基準が不十分であるために、儀式と同レベルのもの、つまり本来問題になるものの代わりに、真似ごととしか言いようのないものがまかり通っています。これはつまり、精神分析家にとっては、彼がその機能を果たすにあたって、それとの関係で拠り所を見出すことができるようないかなる彼岸、いかなる実質的彼岸もないからです。

しかしながら、彼が手にしているものは、表現しがたいほどの価値を持ったものです。それはまさに、患者自身の信頼であり、また、一定の技法による道を辿ることによってそこから得られるであろう成果です。分析家は自身を一人の神として提示するわけではありませんし、患者にとっても彼は〈神〉ではありません。とすれば、このような信頼はいったい何を意味するのでしょう。その信頼は何をめぐって生じているのでしょう。

おそらく、信を預け、その見返りに何かを得ようとしている者にとっては、この問題は棚上げにしておいてもかまわないものです。しかし分析家はそうはいきません。分析家の養成ということが要請しているのは、分析家が知っているということ、患者を導いていくその道程において、何をめぐって運動が起こっているのかを知っているということです。分析家は、何が問題なのかを知っていなければなりませんし、このことは分析家に経験の中で伝えられていかなくてはならないことです。その要となっているものを、私の指摘は、おそらくもうみなさんはその意図について十分お解りのことと思いますが、これから我われの前進につれて、ますます明確に、そして必然的なものとして現れてくるでしょう。私は一つの言葉、「精神分析家の欲望」という言葉で指し示しています。私はそう願っています。

前回、私は、デカルトの思考の歩みがどこで確たるものとなったかをみなさんに示しましたが、デカルトの歩みは、その起源においても帰結においても、本質的に科学へ向かうものではなく、彼固有の確信へと向かうものでした。この確信は何らかの原理にしたがってはいるのですが、その何かとは、プラトンやそれ以前から哲学者たちの省察の対象となってきたような意味での科学とは違う何かです。それはむしろ科学「なるもの」*La* science、つまり科学 science という語の上ではなく、「なるもの *La*」の上にアクセントが置かれた科学「なるもの」です。我われがその中に捕捉されている科学、我われが生きているこの時代において我われの行動の文脈を形づくり、精神分析家自身もまた、その条件の一角を形成しているためにそこから逃れられない科学、それが、科学「なるもの」です。

我われはこの科学「なるもの」との関連においてこそ精神分析を位置づけねばなりま

せん。そしてそれは、デカルト的主体の根拠について我われが行ってきた再検討を無意識という現象に連節していくことによってのみ行いうるのです。

今日はまず、転移の現象学へと話を進めることにしましょう。

1

転移は、患者と精神分析家がともにそこへ巻き込まれている一つの現象です。転移を、転移と逆転移の二項に分割するようなことは、このテーマについてどんなに大胆で軽々しいことが語られていようと、そもそも問題になっていることを回避すること以外のなにものでもありません。

転移は、人間存在の核となる現象としての欲望と結びついている基本的な現象で、フロイト以前にすでに見出されていました。この現象は、愛が論じられているあのテクスト、すなわち、プラトンの『饗宴』の中で、比類ない厳密さをもって完璧に語られています。私は、転移について論じたセミネールの一年の大部分を費やしてそのことを示しました。

このテクストは、ソクラテスという人物を主役として書かれていると言って言えないことはないでしょう。ところが、ソクラテス自身は、そこではとりわけ控え目に書かれています。ソクラテスが、自分は「エロス Eros」というもの、すなわち欲望というものがどういうものかということ以外、何も知っていると主張したことはないと語るくだりがあります。この契機こそ、我われ分析家が分析の活動について問うべきときに立ち戻らなくてはならない本質的な契機、出発点となる契機なのではないでしょうか。このこと一つをとってみても、あるいはまた、プラトンが彼の対話篇の他のどこにもないほどに『饗宴』に喜劇としての意味を持たせ、ほとんど道化芝居のようなものにまでしているということからも、次のことが解ります。つまり、プラトンは結局、ここで、転移の場をもっとも厳密な仕方で我われに示すことだけをしているのです。

知っていると想定された主体 sujet supposé savoir があれば、すなわち転移がありま す。今日、私はこの知っていると想定された主体のことを黒板の上の方に、S. s. S. という略号で示しておきました。

精神分析家の組織は、それが授与する能力証明書でいったい何を意味しようとしているのでしょうか。それはまさに、誰へと向かえば、この知っていると想定された主体を表象できるのか、ということにほかなりません。

ところで、誰もが認識していることですが、いかにかすかな形においてであれ、どの精神分析家も絶対知を代表しているなどと主張することなどできないことは確かです。ですから、ある意味では次のように言えるでしょう。我われが向かうことができる人が一人でもいるとすれば、それはただ一人しかいないはずです。この「ただ一人」の人、それはフロイトの存命中からすでに、フロイトでありました。無意識というものに関して知っているはずだと想定されうる主体は当然のようにフロイトその人であったということ、このことは、フロイトが彼の患者と分析関係を結んだとき、その関係を、格別なものにしています。

フロイトはたんに知っていると想定された主体であっただけではありません。彼は知っていたのですし、彼はその知を、不滅のと言ってよい言葉で我われに語ったのです。なぜそう言えるのでしょう。それは、これらの言葉が、発せられてから現在に至るまで、決して汲み尽くされることのなかった問いかけの支えとなってきたからです。フロイトが彼の印づけた道を秩序づけるのに用いた言葉、すなわち無意識への道を秩序づけるのに用いた言葉、その言葉の一つでも無視するならば、我われはそれだけで横道に逸れ、少しも前進することなどできませんでした。このように考えると、知っていると想定された主体の機能がどのようなものかが十分に解ってくるでしょう。

フロイトの役割、そしてまたその帰結、つまりこう言ってよければフロイトの威信、それは、分析家がどのような姿勢をとろうとも、分析家の視野の地平線にそびえています。精神分析家たちの社会的、ないし共同体的な組織のドラマを構成しているのは、フロイトの役割、帰結、威信にほかなりません。

知っていると想定された主体を自分が十全に委ねられたなどと自負できる人がはたしているのでしょうか。いや、問題はそういうことではありません。むしろ、まずそれぞれの患者が、知っていると想定された主体の方へと向かうにあたり、どこにその手がかりを見出すかということこそが問題です。誰であれ、分析家でなくてもよいのですが、誰かの中にこの知っていると想定された主体の機能が患者主体にとって受肉されるときにはいつも、さきほど私が示した定義からして転移が成立しています。

ところでもしこのことがすでに、患者にとって身近にいる誰か、誰と名指しうる人に向かって決定済みだとしたらどうでしょう。この患者の分析を引き受けた者にとっては、転移を引き起こすのがとても難しいということになるでしょう。こういうときにはどんなに間抜けな分析家だって、そのことに気づき、それを認識し、被分析者にとって知っていると想定された主体であり続けているものへと被分析者を導くことになるでしょう。もっとも間抜けな分析家と言いましたが、このような究極の項が存在するのかどうか私は知りません。それは、ちょうど論理学において、たとえばさまざまな語で表される最大の数のような、神話的な数を指し示すのと同じ仕方でしかここで私には示せないような機能です。今の話はやや細部にわたりすぎました。ちょっとした挿話だと思っておいてください。これから本筋の検討へと入りましょう。

すでに申し上げたように、分析家は、転移の対象であるというかぎりでこの場を占めています。しかし経験が示すように、分析に入った当初、患者は分析家にこの場を与えるということから程遠いところにいます。

精神分析家とは騙すものであるというデカルト的な仮説については、今はちょっと脇においておきましょう。むろんこの仮説は、分析へのいくつかの入口という現象学的な文脈からは必ずしも排除できないものですが。むしろ、精神分析が我われに示しているように、分析の特に初期において、患者の信頼、あるいは分析の規則への帰依をもっとも妨げるのは、精神分析家が患者によって騙されはしないかという患者の恐れなのです。

患者の生活史上の大変重要な細部を我われがずっと後になってから知らされるということは、経験上しばしば起こることではないでしょうか。たとえば、人生のこれこれの時期に患者が梅毒を患っていたというようなことです。「えっ、どうしてそれをもっと早く言ってくれなかったんですか」、経験が浅く素朴な人ならそう訊くかもしれません。被分析者はこう答えるでしょう。「まさにそれなんですよ、もし私がもっと前にそれを言っていたら、あなたは私の問題の少なくとも一部を、いやむしろその根本を、そのことのせいにすることができたでしょう。私は、私の問題に器質的な原因を見つけてもらうために、ここに来ているのではありませんからね」。

この例をめぐっては話が尽きません。いろいろな取り上げ方があり、いろいろな角度からの議論が可能でしょう。社会的な偏見という点から見ることもできますし、科学的な議論という視点で見ることもできます。また、まさに分析の原則をめぐっていまだに続いている混乱にそれを関係づけることもできるでしょう。しかし今私がこの例をお話ししたのは、ただ次のことを明確にするためなのです。すなわち、患者は、ある種の要素を彼が話したら、分析家が騙されてしまうだろうと考えることがある、ということです。患者は、分析家が速く進みすぎないように、いくつかの要素を伏せておきます。もっとよい例でこのことをお見せすることもできたでしょう。ところで、騙されることのある人は、自ら間違えることも大いにあるだろうという嫌疑をかけられることだって当然あるのではないでしょうか。

さて、これが限界点です。この「間違える」ということをめぐって、シーソーが、あるいは転回点があるのです。私はこの微妙な点、微分的な点にはっきり印をつけておきたいと思います。

ある種の患者の場合には、分析というものが冒頭から疑問視され、一種のルアーではないかと疑われる、ということがある一方で、この「間違える」ということをめぐって何かがぱったり止まってしまうのはどうしてでしょう。それどころか、疑問視された当の分析家に対してすら何らかの無謬性の信用のようなものがどこかで与えられてしまいます。そのことによって、その分析家のほんの偶然の所作でさえ、「あなたは私を試すためにそうやったのですね」というように種々の意図あるものとされることになります。

ソクラテスの議論は、次のようなテーマを導き入れました。すなわち、善の諸条件の認識そのものが人間にとっては抗いがたい何かを持っているのだろうということです。しかしこれは、ソクラテスの教えではなくて、プラトン、いやプラトンの教えとも言いません——我われはソクラテスについてはプラトンの喜劇を通じてしか知りませんし、プラトンは喜劇的な対話という領野である種の進展を示していますが、あらゆる問いを開かれたままに残しているわけですから——、むしろプラトン説のある種の濫用が教えている逆説です。プラトン説の濫用は、一般の嘲弄を受けながらも生き延びています。なぜなら、善の諸条件を完璧に認識したとしても、その反対に向かって一目散に走らないという保証はどこにもないではありませんか。それなのに、分析家に対してなされるこの信頼においては、いったい事態はどうなっているのでしょう。分析家が善を欲しているとか、さらには、他人のためにそれを欲しているとか、いったい何を根拠にそんなことを思うのでしょう。私の考えをお聞かせしましょう。

享楽することを欲しないということがありうることは、誰でも経験から知っています。ということはつまりみなさんご存じのように、享楽それ自体が近づいてくるということは、畏るべき約束を含んでいるために、誰でもそれを前にしてはたじろぐものだということです。ついでに、考えることを欲しないということがありうるのもご存じでしょう。すべての大学教員団体がそのことを我われに実証してくれています。

では、欲望することを欲しないというのはどういうことかお解りですか。分析経験全体――それはここにいらっしゃるみなさんそれぞれの経験の根っこに横たわっているものの別名にすぎないのですが――が証言しているように、欲望することを欲しないことと、欲望すること、この二つは同じことなのです。

欲望することの中には、欲望することと欲望することを欲しないことを、同じものにしてしまうようなある種の防衛の契機が含まれています。欲望することを欲しないということ、それは欲望しないことを欲するということです。こうして、ある種の人たち、つまり、哲学者であったばかりではなく、彼らなりのやり方で敬虔な信者でもあった人たちが奉じた規律が登場します。彼らはこの規律を、ソクラテスの問いかけによって生じた袋小路からの出口を見出すために奉じたのです。これらの人々とは、ストア派とエピキュロス派です。欲望することを欲しないということが、それ自体、裏側というものを持っていないあのメビウスの輪のような反駁できない何かを持っているということを主体は知っています。すなわち、主体は、この輪のある面を歩いていけば、いずれ数学的には、その輪の裏張りをしていると想定される面に出てしまうことを知っているのです。

この約束の点、まさにそこにおいて分析家が待ち受けられているのです。分析家は、知っていると想定されているわけですから、彼はまた、無意識の欲望との出会いへと赴くはずだとも想定されているのです。だからこそ、私は、欲望というものがあるから転移が稼働するのだ、と言っているのです――次回、このことをすでに黒板に描いたことのあるちょっとしたトポロジー的な図を使って示すつもりですが。患者のディスクールにおいてまずは要求という形で言い表されるものの背後に、要素的な力、慣性力、つまり転移が現れるのですが、その転移は、欲望という要、心棒、柄、ハンマーを軸に稼働するのです。転移というこの両刃の斧の軸となり、共有点となるのは分析家の欲望です。私はこの分析家の欲望というものをここで本質的な機能として指し示しておきます。私がこの欲望をはっきりと名指していないなどと言わないでください。それはまさに、欲望と欲望の関係という形においてしか言い表しようのない点なのですから。

この関係は内在的なものです。まさしく人間の欲望は〈他者〉の欲望なのですから。

ところで、先日私がお示しした、主体そのものの基底にある疎外という要素がここに再現されているとは思いませんか。人間が己れの欲望をそれと認めることができるのは〈他者〉の欲望の水準においてのみであり、また、〈他者〉の欲望としてのみなのですが、そうだとすれば、人間の欲望がもはやそれとしては認められなくなってしまう点で起こる欲望の消失に逆らうものとして彼自身に現れるはずのなにものかがあるということにならないでしょうか。このなにものかは、決して取り除かれるものでも、また取り除かれるべきものでもありません。それどころか、実際、精神分析を行ってみますと、〈他者〉の欲望の水準で一つの連鎖全体が働いているのを見ることによってこそ、主体の欲望は構成されていくということが解るからです。

ですから、欲望と欲望の関係においては、疎外の何かが保たれていると言わざるをえません。ただし、もともとの二要素でもってではありません。もともとの二要素というのは、シニフィアンの第一の対であるS_1とS_2のことです。前々回、これを用いて主体の疎外の定式を導き出しました。疎外の何かが保たれているのは、一方では、二なるシニフィアンの原抑圧、落下、「押し下げ Unterdrückung」をもとに構成されたものによってであり、またもう一方では、シニフィアンの対によって表されるものの中に、シニフィアンとシニフィアンを結んでいる間隙の中に、〈他者〉の欲望の中に、欠如として現れる要素によってなのです。

2

さてこれから、我われが指標として念頭に置いておくべきいくつかの定式をもう一度復習しておくことにしましょう。それなしでは、考えが上すべりするだけですから。疎外は本質的にシニフィアンの対の機能と結びついています。実際、シニフィアンが二つあるのと三つあるのとでは本質的な違いが生じます。

シニフィアンの分節化の中で主体の機能がどこにあるのかを捉えようと思うなら、我われは二個のシニフィアンを用いて演算しなければなりません。なぜなら、主体が疎外において挟まれることができるのは、二個のシニフィアンによる以外にないからです。三個のシニフィアンがあれば、滑走は循環的なものとなります。主体は第二のシニフィアンから第三のシニフィアンへと移り、次に第二のシニフィアンを介さないで第一のシニフィアンへと戻ります。二個のシニフィアンのうち一個のシニフィアンのもとで起こる「アファニシス」の効果は、現代数学の用語にならって言うなら、シニフィアンのある集合の定義と結びついています。それは次のような集合です。その集合の元が二個しか存在しないとき――集合論では大文字のEを水平反転した記号を用いて、存在することを表します――疎外の現象が起こる、そういう集合です。これを言いかえると、シニフィアンは、主体を、もう一つのシニフィアンに対して代表象するようなものであるということになります。このことから必然的に、もう一つのシニフィアンのもとでは主体は消失することになるのです。

先日、ある翻訳の「表象代理 Vorstellungsrepräsentanz」の訳語が誤りであると指摘しましたが、ここにもまたその理由があります。「Vorstellungsrepräsentanz」は、みなさんに申し上げたとおり、シニフィアンの対の中のS_2なのです。

ここで一つ機能しているものをはっきりさせておかねばなりません。先にお話しした私の弟子の一人もそのテクストの中でそのことに気づいたのですが、誤りを招くやり方でずれた表現方法をとったために、主体の機能の根本的特質をまさに取り逃がしてしまいました。たしかにその論文では、たえずシニフィアンとシニフィエの関係が語られていて、その意味では問題のイロハは守られています。私は、私がそこから出発したこのイロハを教えるために、ソシュールの理論展開の根源においてすでに定式化されていた事柄を、黒板に書いてお見せしたことさえありましたから。しかしそれだけでなく、私はすぐに続けて、根源的段階における主体の機能をそこに含めて考える場合にのみ、この定式化は有効であり、また扱うことが可能になるということをはっきりと言っておいたはずです。シニフィアンの機能が命名ということに、つまり物の上に貼りつけられた名札に還元されてしまっては、元も子もありませんからね。そんなことをしたら、言語活動《ランガージュ》の本質はすべて我われの手から滑り落ちてしまいます。私は前回、ある論文が自惚れを示していると言いましたが、さらに、目に余る無知を示していると言わざるをえません。なぜなら、あの論文には、問題がパヴロフの実験と同じレベルにあると思わせるようなところがあるからです。

条件反射の実験の中に位置づけることのできるもの、それは決して、何らかの記号を何らかのものごとに結びつけることではありません。

むしろ、パヴロフが認めようが認めまいが、実験のあらゆる条件に特徴的なことは、「そこにシニフィアンを結びつける」ということだと言ってよいでしょう。なぜなら、実験は、欲求の器官的組織化の中に切れ目を入れることによって設立され、これが、シニフィアンの導入と考えることができるからです。これは、中断された欲求の、その回路の中に何らかの現象が起きてくることによって示されるのですが、我われはすでにこのパヴロフの実験のレベルで、これを欲望の切断であると見なすのです。というわけで voilà――「というわけでお嬢さんは口が利けなくなってしまったのです voilà pourquoi votre fille est muette」という言い方を借りれば、「というわけで、動物はもう話せるようにならない。少なくともこの方法では」となります。なぜなら明らかに動物はすでに一歩出遅れてしまっていますから。実験が動物に対しあらゆる種類の混乱や不快を与えることだってありうるのですが、動物はこれまでのところ話す存在ではないので、実験者に向かって、実験者の欲望を問いに付すことはありません。もし仮に実験者が自分の胸に聞くことがあれば、彼は答えに窮することでしょうけれども。

それでもやはり、こういうふうに言うことによって、パヴロフの実験はそれなりの利点があることになります。心身症的な効果に関して我われが考えに入れておかなければならないことをはっきりさせてくれるという意味で、実際、本質的な利点を持っています。私は思いきって、次のような定式化を提出してみましょう。S_1とS_2の間に間隙がないとき、つまりシニフィアンの第一の対が固まって、一語文化《ホロフレーズ》するとき、我われは一連のケースのモデルを得ているのです。ただしそれぞれの例で、患者は同じ位置を占めているとは言えませんが。

たとえば子供が、知的障害児が、母親がその子を追い込んでいるなにものか、つまり、母親の漠然とした欲望の支えでしかないようななにものかという意味で、黒板でいえば右下のSの位置を占めるようになっているとき、その子の教育には精神病的な次元が入り込んできます。我われの同僚であるモード・マノーニは、みなさんに読むようお勧めしたい近著の中で、何らかの方法でこうした困難を取り除く任にある人々に向かってまさにこのことを示そうとしています。

$$
\begin{array}{ccc}
X & \Diamond & S_1 \\
O.\ s, s', s'', s''', \ldots & & S(i(a, a', a'', a''', \ldots)) \\
S_2 & &
\end{array}
$$

$O.\ s, s', s'', s''', \ldots$：意味の列
$i(a, a', a'', a''', \ldots)$：同一化の列

精神病においても、同じ次元の事柄が問題になってきます。シニフィアンの原初的連鎖のこの固定化、この集塊化は、信仰という現象に現れる弁証法的な開けを禁じてしまうからです。

信仰によって動かされているように見えるあのパラノイアの奥底では、「不信 Unglauben」の現象が支配しています。不信仰というのは、「何々を信じない」ということではなくて、信仰を構成する一項目、すなわち、主体の分割を指し示

すような一項目が抜けているということです。実際、充溢した全き信仰などというものがないのは、その信仰が明らかにするべき最終的な次元と、その信仰の意味が消え失せてしまうような契機とが、厳密に相関するということを根本的に想定しない信仰など存在しないからです。

このことを物語る経験は山ほどあります。その中の一つを、ある日マノーニが、カサノヴァの災難を材料にして、大変ユーモラスに私に語ってくれました。彼はここに出席していますが、その考察は愉快かつ明快なものでした。カサノヴァのごまかしはあまりにうまくいくので、天の力が怒り、彼を震え上がらせるほどの嵐を彼のまわりに引き起こすほどでした。いよいよそのごまかし――カサノヴァはおつむの悪い取り巻きをひきつれて、かわいいお嬢さんを狙った、きわめて良俗に反する恋愛劇を仕掛けていたのですが――が意味を持つときになって、つまり実を結ぼうというときになって、カサノヴァ自身が、まったくの崩壊状態に陥ってしまったのでした。己れの欲望のためには天地をものともしないカサノヴァのような人にとっては意外な喜劇ではありますが、なんと彼は不能に陥ってしまったのです。まるで、彼を押しとどめる神の姿に出会ってしまったかのように。

私がさきほど問題にしたテクストをもう一度見てください。たとえばそこにはあの「あっち－こっち fort-da」が、いかにも当然といったふうに出てきます。すでに手垢にまみれたこの「fort-da」をその著者が改めて取り上げるからといって、断りを入れないのは当然ではありますが、すでに公共の手に渡っているものだと言わんかのように、これを原初的象徴化の例として取り上げています。ところが、著者はどうもとんでもない勘違いをしているようです。いったい、たんなる「fort」と「da」の対立だけで、この「fort-da」のすぐれて創始的な力が引き出されると思いますか。この力を説明するには、「fort-da」の反復的という本質を見極めないことにはどうにもなりません。ここで主体が統御機能によって自己の確立をしているなどと言うのは愚かなことです。これら二つの音素のうちで、具体化されているのは、どれほど逆説的なことに見えていようとも、「fort」の水準で表現されるような機構です。すなわちまさしく疎外の機構です。

「da」なしに、あるいはこう言ってよければ「現存在 Dasein」なしに「fort」はない。まあそうでしょうが、しかし、「現存在分析 Daseinsanalyse」の現象学全体が実存の根源的基礎として捉えようとしている事柄とはまったく反対に、「fort」を持った「Dasein」などありません。すなわち、我われには選択の余地はないのです。子供はこの

「fort-da」の遊びを練習することはできるでしょうが、だからといってそれが上手になったりするわけではありません。というのも、このような根源的な連節をいかなる主体も我がものにすることなどできないからです。子供はただ、この遊びを小さな糸巻きの助けを借りて、つまり対象 a の助けを借りて練習しているにすぎません。この対象と遊んでいるうちに、人は疎外へと導かれるのです。断じて、あの自己統御とやらに導かれるわけではありません。自己統御などというと、無限の反復こそが主体の根源的なゆらめきを顕わにしているにもかかわらず、何がこの遊びを無限の反復にまで増幅させていくのかを見失ってしまいます。

3

いつものように、ある程度まで話したところで時間が来てしまいそうなのですが、残りは次回ということになるのを承知のうえで、まずはその輪郭だけでも、みなさんのお耳に入れておきたい事柄があります。そこにある本質的な差異について、私は黒板に、二つの図式(1)の形で示しておきました。

フロイトは、『Triebe und Triebschicksale』、すなわち『欲動と欲動運命』のテクストの中で、愛を、現実的なものの水準とナルシシズムの水準において、さらに現実原理との連関にある快原理の水準においても論じています。そしてその結果、両価性という機能は、「逆転 Verkehrung」、ないしは循環運動の中で生じてくるものとはまったく異なるものだということを導き出しました。愛という水準で語るなら、我われはここに一つの図式を得るでしょう。フロイトはこの図式は二段構えになっていると語っています。

まず、ある「Ich」があります。これは、中枢神経系の装置と連動する、ホメオスタシス的条件による機能様式、すなわち緊張を何らかの意味での最低水準に保つという機能様式によって客観的に定義される、ある「Ich」です。

もし仮に何か「外 hors」といったようなものがあるとして、上のような「Ich」の外側にあるものは何かといえば、それは無差異《アンディフェラン》〔無関心〕にほかならない、ということを我われは理解できます。また、この水準では緊張が問題になっている以上、無差異《アンディフェラン》〔無関心〕は、存在しないということをたんに意味しているのです。しかし、フロイトは、自体愛を規定しているのは、対象が存在しないということではなくて、対象が快との関

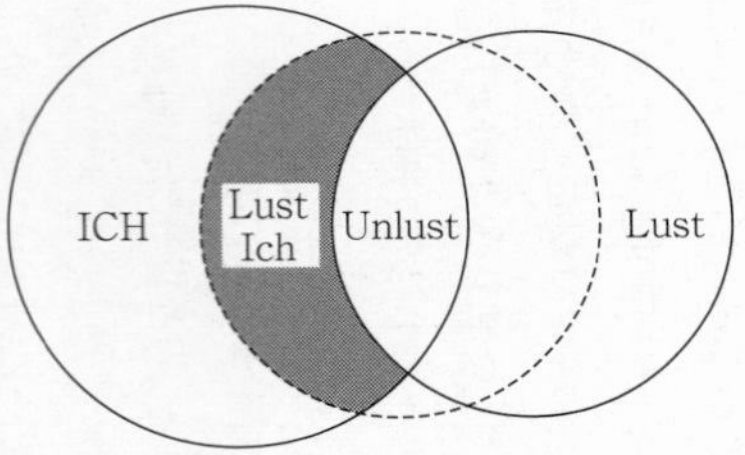

対象 a による証明

係においてしか機能しないということだと述べています。こうして外界は、つまり無差異《アンディフェラン》（無関心）の領域は、「快 Lust」をもたらすところと、「不快 Unlust」をもたらすところとに分けられます。ついでながら、「快原理 Lustprinzip」という語の両義性にはみなさん昔からお気づきですね。それを「不快原理 Unlustprinzip」と書く人もいたのですから。

こうして、この段階をどうやって形として思い浮かべるか、つまりホメオスタシスと快とを結びつけることが問題となります。なぜなら、なにものかが快をもたらすとしたら、それは平衡状態にとっては過剰ということですから。精神作用として働き出す初めての装置が、この前提的な「Ich」から発して組み立てられていくのですが、この「Ich」を機能させるにあたって、どのような図式を用いればもっとも近接し、もっとも正確でしょうか。私が提案するのはこの図です。

一定のホメオスタシスを保とうとする装置としての「Ich」は、大文字の「ICH」で記入してあります。ホメオスタシスといっても、それは最低の水準であるわけにはいきません。なぜなら、そうだとしたらそれは死でしょうから。もちろんフロイトは後になってこの問題にも目を向けることになったのですが。さてこの「快 Lust」ですが、それは正確には一領野というわけにはいきません。それはむしろつねに対象なのです。それは快という対象であり、自我 moi の中に映し出された対象です。この鏡の中のイメージ、対象と一対一に対応している相関者、これがフロイトの言う純化された「快自我 Lust-Ich」です。あるいは、この「Lust-Ich」とは、「Ich」のうち、「Lust」としての対象で満足している部分であると言えましょう。

これに対して「不快 Unlust」というのは、快原理に同化されたり還元されたりせずに残った部分です。そしてフロイトが言うには、ここから、非‐自我ができていきます。よく注意してください。自我ではないこのものは、原初の自我のこの円周の内部に留まっています。そして原初の自我を侵食しているのです。ホメオスタシス的機能も、決してこれを解消させるには至りません。のちに見ることになりますが、いわゆる悪い対象の機能の起源は、ここに認められます。

ここでぜひとも確認しておきたいことは、快の水準を構造化するものが、疎外の可能な分節化の端緒をすでに与えているということです。

言ってみれば「快 Lust」は、外にあってこう呟いています。「ああ、あれが「Ich」か。とにかくあいつの世話をしてやらなくちゃ」。そして「快 Lust」が「Ich」の世話を始めると、せっかくの「Ich」の完全な静けさは消し飛んでしまいます。「快自我 Lust-Ich」がはっきりと現れ、それとともに「不快 Unlust」、あるいは非‐自我の原基が落ちます。このことが起きたからといって、装置が消失してしまうのではありません。むしろその反対です。私が主体と〈他者〉の弁証法的関係において重視しているあの切り取り、くり抜きが、始原的な水準で生じるのです。ただし前とは反対の方向にです。

これを定式で表すならば、「悪なくして善なし、苦なくして楽なし pas de bien sans mal, pas de bien sans souffrance」ということになりましょうか。この定式は、さまざまな匙加減《さじ》で、この善とか悪に、あの相互交代の特質を残しています。私がさきほどお話ししたシニフィアンの対も、そこでは誤って単純化されることになります。なぜなら、話を善と悪との問題へと戻すなら、周知のように、快楽主義は、欲望の働きを説明するところで躓き、横すべりしてしまうからです。言いかえれば、疎外する分節化という他の水準へと移してみると、この善悪の話は、まったく違った形で表現されるということです。ずいぶん前から愚か者たちが、何について言っているのか知りもせずに振り回している「善悪の彼岸」というボロ切れを、私もここでひと振りしていると思うと恥ずかしいかぎりです。しかし、それでも疎外する分節化の場で起こっていることを言わなければなりません。それは、こうなります。——そこから善が生まれることなしに、悪というものはない。そして善が存在するときには、悪と共存するような善はない。

というわけで、ひたすら快という面からものごとを考えていこうとする倫理学は、破綻します。カントがそのような倫理学に異議を唱え、もし至高善があるとすれば、それは何らかのささやかな幸福を無限に積み上げたようなものではないと述べたのももっともです。なぜなら、諸対象の中に見つけた善を基にしていても、何らかの法など立てられるはずはないからです。

至高善は——この混乱含みの用語を用い続けるべきだとしての話ですが——法の水準においてしか見出されることはありません。私が『カントとサド』で示しておいたように、欲望の水準では、左側の図の快の弁証法を支配しているのは、受動性やナルシシズムや両価性という特徴です。この弁証法の行き着くところは、本来、いわゆる同一化なのですから。

私が疎外の、あるいは主体の分割の働きと呼んでいるものをもっとも確かな形で打ち立ててくれるのは、欲動の認識です。では欲動そのものは、どのようにして認識されたのでしょうか。それはこういうことからです。すなわち、主体の無意識において生起している弁証法は、何も「快 Lust」の領域に、つまり有益で、恵みをもたらし、好ましい諸対象のイメージへの準拠に限られることはまったくなく、我われは結局は何の役にも立たないようなものがある種の諸対象になっていることを見出してきたということからです。これらの対象は対象 a、つまり乳房、糞便、眼差し、そして声です。無意識の主体としての主体の弁証法を導入する点が存在するのは、この新しい項においてです。次回はここから再び、転移の話に入っていきたいと思います。

質疑応答

M・サファン——欲動の場合と欲望の場合とで、対象はどのように違うのかを把握するのに私はいつも困難を感じています。今のお話で、エスと欲動における対象との間にも、区別をもうける必要があるということですが、何が何だか解りません。

いいですか、用語法の問題です。いずれにせよ、この問題での戸惑いを質問の形で口にしてくださったのはとてもありがたいことです。みなさんの役にも立つでしょうから。ひじょうに快適なものが山ほどあって、我われはそれを欲望していると、我われが正気であるかぎりにおいて、思っています。ただ、このことについて我われは、それを欲望していると思っているとしか言えません。これらのものは、一見、誰にでもすぐに伝わるような面を持っています。しかし、むろんこれでは精神分析理論になっていません。

「快 Lust」の領野にある諸対象は、主体に対して根本的にナルシシズム的な関係を結んでいるので、結局同一化における愛のいわゆる退行というあの謎も、私がさきほど「快 Lust」と「快自我 Lust-Ich」の二つの領野によって示した対称性がある以上、もっともなことです。誰でも、外側に保持しておくことができないものを、そのイメージの形で、内側に持っています。愛の対象への同一化というのは、その程度のことです。どうしてこれが難しいのか、さらにフロイトその人にとっても難しかったのか、私には解りません。とにかく、愛の対象というものはこういうものなのです。

そもそも、このことは、欲動の対象には付随する独特の価値を持たない対象についてみなさんが話すときのことを考えてみればよく解るではありませんか。そういう場合は、フロイトも言っているように、みなさんはこうおっしゃるでしょう。「私は羊肉の煮込みが好きだ J'aime bien le ragoût de mouton」。これは、「私は何某夫人が好きだ J'aime Madame Une telle」とみなさんがおっしゃるときも、これとまったく同じことです。もっとも、これをその夫人に言ったら、それですべてが変わる、というところは違いますがね。みなさんがどうしてそれを彼女に言うのか、その理由については、次回ご説明することにしましょう。

みなさんは羊肉の煮込みが好きだとします。しかし、だからといってみなさんが必ずしもそれを欲望しているとは限りませんね。あの肉屋の美人女房がいい例です。彼女はキャビアが好きなのに、それを欲しがらないのです(2)。だからこそ、彼女はそれを欲望しているのです。お解りですね。欲望の対象、それは欲望の原因です。そして、欲望の原因であるこの対象は、欲動の対象です。つまり欲動がその周りを巡る対象です。私の書いたものをよく研究してくれた人と対話しているのですから、私は私の言いたいことを次のように簡潔に定式化することが許されるでしょう。これは、欲望が、欲動の対象にくっついているということではありません。欲望が欲動の中で動かされているというかぎりで、欲望は、その対象の周りを巡りますが。しかし、あらゆる欲望が、必ずしも欲動の中で動かされているわけではありません。欲望には、空虚な欲望、狂気の欲望もあって、それらは次のようなことから発しています。一つ例を挙げるなら、人がみなさんに何かを禁じた、ということから発するような欲望を考えてみます。誰かにそれを禁じられたがために、ある期間の間、あなたはそれを考えることだけしかできなくなってしまいます。これもやはり欲望に由来するものです。しかし、みなさんが善の対象と関わるたびに、我われはそれを愛の対象と呼ぶのです。まあこれは用語法の問題と言ってもよいくらいですが、もっともな用語法ではあります。私は今申し上げたことを、愛、転移、欲望の間の関係を明確にしながら、次回、裏づけていきたいと思います。

一九六四年六月一〇日

訳註

（1）二六六頁の図「対象aによる証明」参照。

（2）フロイトの『夢解釈』に出てくる例。彼女は夫に、「私にキャビアをくださらないでね」と言う。

XIX　解釈から転移へ

自我の領野、〈他者〉の領野
隠喩
解釈はすべての意味へと開かれているわけではない
主体の未決定と決定
愛、転移、欲望
奴隷
自我理想と小文字の *a*

私が今日紹介しようとしている事柄は、語彙という点では、残念ながら何も新しいものはありません。

それは同一化、理想化、投影、取り込みなどきわめて普通に使われる用語です。しかしこれらは決して扱いやすい用語ではありません。しかもこれらは解りやすい意味を持っているだけになおさらそうです。

同一化するということ以上にありふれたことなどあるでしょうか。それは思考の本質的な操作であるとすら思われます。理想化もそうです。心理学者の姿勢がますます調査的になるときには、この用語もおそらく大いに役に立つでしょう。投影と取り込みは、ある人々にとってはごく普通に相互的な用語として通用しています。しかし、ずっと以前から、私は次のことを指摘してきました。たぶんお気づきでしょうが、この二つの用語の一方は象徴的なものが支配している領野に関係し、他方は想像的なものが支配している領野に関係しています。ですからその両者は少なくともある一つの次元で出会うことはありえません。

これらの用語を直観的に使用すること、つまりそれらの用語を理解したと思い込んだり、一般的な理解の範囲にそれらの用語を広げて、精神分析のやり方から離れてそれを理解したと思い込んだりする仕方のことですが、明らかにそういう仕方はあらゆる意味のズレや混乱の源となっています。それはディスクールに関わる事柄すべてに共通の帰結といえるでしょう。通常のディスクールにおいては、話す者は少なくとも母国語ではあまりに確固とした仕方で、またあまりに巧みに自分を表現するので、ある用語の本来の使い方が何かを知るためには、その言語をもっとも普通に使う人、つまり教育を受けていない人に頼らねばならないほどです。

ですから、人は話そうと思うだけで、言語の基本的なトポロジーの中で方向づけられていることになります。言語の基本的なトポロジーというのは、科学的な分野において安堵感を得ている人がしばしばしがみついている単純なリアリズムとはまったく異なるものです。どんな例でもよいですが、「心ひそかに à part soi」とか「否応なく bon gré mal gré」とか「厄介ごと affaire」——この場合の affaire は「なすべきこと une chose à faire」とは違いますが——というようなごく普通に使われる表現には、自発的に話している主体がそこに自らを認めるような、包み込みのトポロジーが含意されています。

私が精神分析家たちに語りかけたり、あるいは彼らがさきほど挙げたいくつかの用語を使うことで知らず知らずのうちにどのようなトポロジーに依拠しているかを推し量ることができたりするのは、全体としては——教育の欠陥のせいでしばしばうまく言葉で表現できないということがあるとしても——彼らがたいていは、日常会話の気安さでそれらの専門用語をそこそこ正しく使っているからです。もちろん、もし彼らがある症例の観察から結果を無理に引き出そうとし、彼らの了解していないところまで了解してしまおうとしたならば、用語の強引な使い方が生じてしまうことになります。そうした場合には、その用語を再び取り上げる人はほとんどいなくなってしまうでしょう。

そこで今日は、いくつかの言葉に関する精神分析的用法の巧みさを取り上げて、私がここですでに提示したことのあるトポロジーの明証性にもう一度それを関連づけて考えてみたいと思います。そのトポロジーとはたとえば黒板で、原初的「Ich」すなわち客観化可能な「Ich」の領野を示すシェーマとして描かれているものです。これらは、結局のところ神経装置におけるホメオスタシス的領野の「Ich」であり、その関連で「Lust」、つまり快の領野と「不快 Unlust」の領野が区別されます。

すでに指摘したことですが、フロイトは「Ich」のこの水準をはっきりと区別しています。たとえば、「欲動 Triebe」に関する論文の中で、「Ich」は組織化されたものとして現れてくるがそれはナルシシズムの印であると述べ、一方で、まさにそのかぎりにおいて「Ich」は本来、現実的なものの領野にも結びついていると強調しています。現実的なものにおいては、「Ich」が区別し特権を与えるのは、「Lust」の効果によってホメオスタシスへの回帰としてその領域に反映されているものだけです。

しかし、ホメオスタシスにとって不利なもの、あらゆる犠牲を払って「Unlust」として保持されるものもまた、しっかりと「Ich」の領野を侵食しています。このようにして、「Unlust」の次元のものが自我の中に、非‐自我、否定、自我のくり抜きとして書き込まれています。非‐自我はそれを取り巻くもの、すなわち現実的なものの広大な領域とは別のものです。非‐自我は異物、つまり「余所の対象 fremdes Objekt」として区別されます。非‐自我はそこのところ、つまりオイラーの二つの小さな円が構成する弦月形のところに位置します。黒板を見てください。こうして、我われが手に入れることができるのは、快の領域においては、対象化可能な原基です。対象の機能を確認しながらも、その対象とは無縁な学者のように。

ただ、我われはそういう学者であるだけではありません。また、そういう学者であるためにも、我われは考える主体でもあらねばなりません。考える主体であるかぎり、我われは〈他者〉の領域に従属しているという意味で、まったく異なった仕方でそこに巻き込まれていることになります。〈他者〉は我われが世界に到来するはるか以前からそこにいて、その循環的構造が我われを主体として決定しているのです。

そこで、我われが分析の領野で取り扱ういくつかの事柄が生じるのはどの領野においてなのかということが問題となります。あるものは第一の領野、すなわち「Ich」の領野で生じ、他のあるものは、もう一つの領野、すなわち〈他者〉の領野で生じます。これは第一のものと区別するのが適切でしょう。というのはもし混同してしまえば、何も理解できなくなってしまうからです。このもう一つの領野について、私は疎外と分離として定義し分節化した二つの機能という形で、その本質的な連関をすでに示しました。

これら二つの機能はすでに導入したものですから、今日のこれからのお話は、みなさんがそれについてよく考えたということを前提に進めていきます。それはすなわちみなさんがそれをさまざまな水準で機能させ、試してみたということです。

私はすでに、主体の宙づりや、その揺らぎ、意味の落下などといった疎外を構成するきわめて特異なこの「ヴェル」の帰結のうちのいくつかを、「金か、命か」や「自由か、死か」――これらは「存在か、意味か」から派生していますが――などのお馴染みの言い回しで具体化しようと試みました。しかし私としてはこれらの言葉に抵抗がないわけではありません。みなさんが慌ててその用語に意味を込めすぎて、意味を変えてしまうようなことをなさらないよう祈らずにはおれません。このような講義を進めるには、こうした慌て方には十分に注意する必要がありましょう。

それでもやはり、できれば来年度進めたいと思っている講義内容をここで紹介しておきましょう。それはさまざまな「主体的位置」とでも言うべきものになるでしょう。というのも、分析の基本に関わるこの下準備のすべては、分析における分節化が、欲望を起点に、主体の位置について描き出しているものをしかるべく示すように展開されているはずだからです。なにしろ主体の位置を中心にするしか適当な方法はないのですから。

では何の主体的位置でしょう。すぐに頭に浮かぶものに任せて言うなら、こうなりましょう。「実存《イグジスタンス》の主体的位置」と。その言葉が持つすでに広く知られた利点も含めてのことです。しかし残念なことにこれは――それでもそう悪くはありませんが――神経症者の水準でしか厳密な適用はできないでしょう。そういうわけで、私はむしろ「存在《エートル》の主体的位置」と表現することにしましょう。あらかじめこのタイトルで来年度は進めていくと約束はできませんし、もう少しうまいタイトルをつけられるかもしれませんが、いずれにせよ問題となるのはそういうことです。

1

話を進めましょう。ある論文の中で――その論文についてはすでに、危険と思われた箇所を正す目的で言及しましたが(1)――無意識に内在するランガージュの構造に関して私が講義で導入したことに形を与えようとする試みがなされています。それは、それなりの成果を収めてはいますが、そこで得られた定式は結局、私が隠喩について示した定式の言い換えです。私の定式は本質的かつ有用なものでした。というのはこの定式は、シニフィアン的圧縮の操作が無意識にとって基本的であるというかぎりで、無意識が現れる次元を明らかにしているからです。

もちろん、シニフィアン的圧縮は、その隠喩の効果として、詩の中のほんのちょっとした隠喩にもはっきりと見て取れます。そのようなわけで私は『眠れるボアズ』からその例を取り上げました。『精神分析 La Psychanalyse』誌の中の『無意識における文字の審級』という私の論文を参照してください。数ある詩の中から私が取り上げたのはフランス語ではおそらくもっとも広く暗誦されている詩です。子供の頃『眠れるボアズ』を諳んじるよう教えられなかった人がいるでしょうか。それは分析家が検討してもそう悪いものではありません。とりわけ私がそれをすでに取り上げ、しかもそれと同時に父の隠喩を導入した後では。

その講義内容を繰り返すつもりはありませんが、ここでそれに触れたことの主眼は明らかに、「彼の麦束は欲深くなく恨み深くもなく」という隠喩によって件の人物、すなわちボアズを指し示すという事実が――そこにおけるボアズは神聖な父であると同時に神の道具です――意味の創造という点で何をもたらすのかをみなさんに示すことにあります。この隠喩によって開示される意味の次元とはイメージとして最後に現れてくるもの、すなわち星空という畑に捨て置かれた金の鎌のイメージです。それこそがこの詩の中に隠されている次元そのものです。それはみなさんが想像するよりはるかに隠されています。なぜなら、それは私がそこに、ジュピターがクロノスの血で世界に洪水を起こしたときに使った鎌を置いてみたところでとても追いつかないほどだからです。ここで問題となっている去勢の次元は聖書の立場から見るとまったく別の次元にあります。そしてそれはあらゆる歴史的な響きをもってそこに現れ、作用し、〈主〉へのボアズの祈りへと至ります。「私のごとき老人からどうして子孫ができましょう」。

みなさんはそのことにお気づきになったでしょうか。〈父の諸名〉について行う予定だったセミネールを今年行っていたら、もっとはっきりお気づきになったことでしょう。口にしてはならない名の〈主〉とはまさに、身籠もらぬ女たちと年老いすぎた男たちの出産に立ち会う人物です。選ばれた民の運命という伝承によって導入された根本的に生物学を越えた父性のこの特徴は、原初的に抑圧されたなにものかを持っており、それがいつも不釣り合い、躓き、症状、出会いのなさ、「デュステュシア dustuchia」という曖昧な形で、隠されたままの意味を伴って再び現れてくるのです。

これこそが、我われが幾度となく見出してきた次元です。そして今しがたお話しした著者のようにそれを定式化しようとするなら、もっと慎重にやらなければなりません。彼は、シニフィアンとシニフィエの関係を間の横線で表す分数をいわば信用しすぎているのです。この横線は、シニフィアンとシニフィエの関係においても、時には数学的意味での分数の用法である一つの値を表す指標である、と考えてもあながち間違いとは言えません。しかし、もちろんそれだけのものではありません。シニフィアンからシニフィエへと、意味の効果というまた別の関係があります。隠喩において意味の効果を狙うときがまさにそうですが、分数の変形に際して彼がやったような慎重さを欠いた危ないやり方でこの横線を操作することは——比例関係においてはそれが可能ですが——決してできません。

分数の際には $\frac{A}{B}\times\frac{C}{D}$ の積を、たとえば $\frac{\frac{A}{B}}{\frac{D}{C}}$ と四段の式に変形することができます。

$$\frac{S'}{S}\times\frac{S}{s}\rightarrow\frac{\;\frac{S'}{s}\;}{\frac{S}{S}}$$

件の論文の中で変形された定式

$$F\left(\frac{S'}{S}\right)S\cong S(+)s$$

隠喩の定式

これは次のような考え方から隠喩にとってうまい方法だと考えられました。すなわち無意識において隠喩を受肉化しにやってくる最後のシニフィアンと、隠喩の使用によって新たに生じた意味との繋がりを作り出しているのは、二つのシニフィアン同士の何らかのピン止めのようなものである、という考え方です。

　こうした定式は満足のいくものでは決してありません。なぜならまず、シニフィアンの属性としてシニフィアンがそのシニフィアンそれ自体を意味することはできないので、何らかの論理的欠陥を生むことのないシニフィアンのそれ自身への関係などありえないからです。

　このことは、数学で網羅的な論理形式を組み立てようとすると生じてくる二律背反を考えてみるだけで納得がいくでしょう。自らを含まない諸カタログのカタログは、自らを含まないカタログと同じでないことは明らかです。というのは、定義によって導入される「カタログのカタログ」とカタログの中に書き込まれることになるカタログとは同じものではありませんから。

隠喩の場合に起きているのは、隠喩の効果を構成するために代わりになるシニフィアンが別のシニフィアンのところに来ることだ、ということに気づくのはもっと容易なことです。あるシニフィアンはそれが追い出したシニフィアンを他の場所へと差し向けます。もしそれでも分数的操作の可能性を保持しようとするなら、主要な横線の下に、すなわち分母でありかつ「押し下げられた unterdrückt」ものの位置に、消失したシニフィアンすなわち抑圧されたシニフィアンを置くことです。

したがって誰かが書いているように、シニフィアンとシニフィアンの繋がりだけが問題であり、それゆえ狂った繋がりだけが問題なのだと考えて、解釈はすべての意味へと開かれているなどと考えるのは誤りです。解釈はすべての意味へと開かれてはいません。実際あらゆる解釈が可能だとすると、それこそ分析の解釈の不確かさを糾弾している人たちの言い分に屈することになります。そんな馬鹿なことはありません。私が、解釈の効果は主体における「無意味」の「核 Kern」――フロイトはこう表現しています――をはっきりとさせることだと言ったからといって、解釈がそれ自体一つの無意味というわけではありません。

解釈は一つの意味作用《シニフィカシオン》ですが、意味作用なら何でもいいというわけではありません。

解釈はこの式では小文字の「s」のところにやってきて、ランガージュにおいてシニフィアンはその効果としてシニフィエを持つという関係を反転させます。解釈は、一つの還元不能なシニフィアンを出現させる効果を持っているのです。小文字の「s」の水準で解釈しなくてはなりませんが、この小文字の「s」はすべての意味へと開かれているわけではなく、また何でもよいというわけではありません。この「s」は一つの意味作用ですが、ただ意味作用としてもおそらくおおよそのものにすぎません。そこにあるものは、主体の無意識に関する場合、豊かで複雑です。そして、還元不可能で「意味のない non-sensical」、つまり無意味からなるシニフィアン的諸要素を出現させるべく定められています。同じ論文の中でルクレールは、意味のある解釈が無意味なシニフィアンへと飛び越えるさまを見事に描いています。つまり、彼はある強迫の患者に関し、「一角獣 licorne」という語の二つのシラブル〔li と or〕の一方を他方へと結びつけている「Poordjeli」という独自の表現を取り出して見せ、そのシークエンスの中で患者の欲望が動かされる連鎖のすべてをそこに現れさせています。今後彼が公にする仕事の中で事態はさらに先へと進んでいるのをみなさんはご覧になるでしょう。

解釈はすべての意味へと開かれているわけではありません。それはどんな解釈でもい

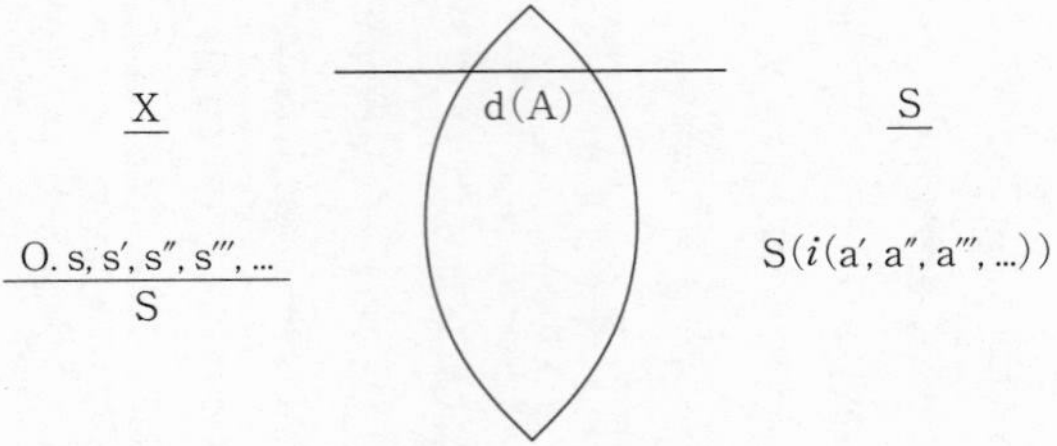

いというものではまったくありません。それは意味のある解釈であり、それを欠くことはできません。しかしだからといって、主体の到来にとって必要不可欠なのは、この意味作用だということではありません。必要不可欠なのは、主体がいったいどんな――無意味で、還元不能で、外傷的な――シニフィアンに、自分が主体《シュジェ》として従属《アシュジェティ》しているかを、この意味作用の向こう側に見ることです。

これは分析経験の中で何が素材として現れているのかを理解する助けとなるでしょう。フロイトの行った偉大な精神分析の一つをお読みください。それはつまり、もっとも偉大でもっともセンセーショナルな分析です。というのは、そこでは他のいかなるものにもまして、幻想と現実の転換という問題がどこへと集約するかを見ることができるからです。つまり、原初的に抑圧されたシニフィアンとして機能する何か還元不能なもの、「意味のない」ものの中にこの問題が集約されていることが解ります。私は『狼男』の症例報告のことを言っているのです。この症例報告を読む際、導きとなるアリアドネの糸をみなさんに与えるために言っておきますが、『狼男』の中で、夢で窓に急に狼が現れるところがこの「s」の機能、すなわち主体の喪失を代表象する機能を果たしているのです。

それはただたんに主体が、この木にとまる七匹の狼の眼差しに——ちなみに彼の絵の中では狼は五匹ですが——魅惑されたというだけではありません。要はこれらの狼の魅惑された眼差しが実は主体自身だということです。

この症例報告全体はいったい何を示しているのでしょうか。それは、この患者の生のそれぞれの段階で何かが起き、この狼という原初的シニフィアンが構成する決定的な指標の価値をそのつど刷新してきたということです。こうして、〈他者〉の欲望によって構成されるものとしての主体の欲望の弁証法が正しく把握されます。『狼男』の父親の波乱に富む運命を思い浮かべてください。そして姉の、また母の、さらには女中のグルーシャの。これほど多くの機会に主体の無意識の欲望はなにものかによって豊かにされてきたのです。そのなにものかとは、〈他者〉の欲望との関係において構成される意味作用として、あの分子の位置に据えられるべきものです。

そのとき何が起きているかをよく見てください。そこでXとしての主体が「原抑圧Urverdrängung」としてのみ、つまりこの最初のシニフィアンの必然的な落下としてのみ構成される、この瞬間の論理的必然性について十分に考えてみてください。主体はこの「Urverdrängung」をめぐって構成されますが、それそのものに置き換わることはできません。なぜなら、そのためにはシニフィアンの他のシニフィアンに対する代表象作用が必要なのに、ここには一つのシニフィアン、最初のシニフィアンしかないからです。そこにあるこのXについて、我われは二つの側面を考えなくてはなりません。一つは、シニフィアン性がそこにおいて落下する構成的な契機です。この契機を我われは無意識の水準でのこのXの機能における一つの場と結びつけています。そしてもう一つは、回帰の効果です。この効果は、分数を出発点として理解できるようなあの関係において生じているものです。この関係については慎重に導入しなくてはなりません。しかしこれはランガージュの諸効果によって十分に示されています。

もしゼロが分母の位置に現れたなら分数の値は何の意味も持たず、ただ取り決めによって数学者の言う無限という値を持つことになる、ということは誰もが知っていることです。これこそ、何らかの仕方で主体の構成の諸契機の一つとなっているものです。原初的なシニフィアンは、それが純粋の無意味であるというかぎりで、主体の値の無限化を担うものとなっているのです。主体の値の無限化とはいかなる意味へも開かれているということではまったくなく、すべての値を無にするということです。この二つは違うことです。私がなぜ疎外の関係を自由という語を持ち出すことなく扱うことができなかったかを、このことが説明してくれます。自由という機能を主体の根元的な意味と無意味の中で実際に成立させるもの、それはまさにすべての意味を殺してしまうこのシニフィアンです。

それだからこそ無意識におけるシニフィアンはすべての意味へと開かれているという言い方は誤りなのです。無意識のシニフィアンはすべての意味に対する主体の自由という形で主体を構成しますが、だからといって主体が意味に対して決定されていないということではありません。なぜなら、分子においてゼロの代わりにそこに書き込まれにやってきたさまざまなものは意味作用だからです。意味作用、つまり〈他者〉の欲望と弁証法的な関係にあるさまざまな意味作用です。そして、それが主体と無意識との関係に、ある確定された値を与えるのです。

来年度、私の講義の続きで、分析経験を積むとどうしても次のような定式化の道を探求せざるをえないということを示すことは、重要でしょう。つまり、主体の無限と欲望の有限性との間の媒介は、カントが哲学的と呼ばれるあの思考の引力へと入るにあたって「負量」という名のもとにあれほどの新鮮さをもって導入したものの介入なしには行われない、ということです。

この新鮮さはここではもちろんそれなりの重要さがあります。なぜなら、哲学者にマイナス1はゼロではないということについて考えさせることと、こうしたディスクールに対して知ったことじゃないと耳を貸さなくなってしまうこととの間には、大変な距離があるからです。それでもやはり、人は結局、それぞれの瞬間において自身の獲得物――主体に関する獲得物のことですが――について、あまりに忘れっぽいからこそ生き延びられるのだということに変わりはありません。まあ、哲学を参照することの利点はこのことを思い出させてくれることぐらいですが。もちろん彼らがこの獲得物を忘れたからといって、この獲得物が獲得されなくなるわけではなく、むしろ彼らの方がこの獲得の効果によって獲得されてしまうのです。そして、知らないなにものかによって獲得されているということは、しばしば恐るべき結果を招きます。その第一のものは錯乱です。

ですから、負量、そこにこそ我われは、去勢コンプレックスと呼ばれているものを、つまりファルスという対象がそこへと入ってくる負の影響の支えの一つを、示すべき場を見出すでしょう。

これは前置きにすぎません。しかしこれは言っておくだけの価値はあると思っています。

2

しかしながら我われを駆り立てているテーマ、すなわち転移について、さらに進める必要があるでしょう。この問題をどのように再び取り上げたらよいのでしょうか。出発点を、知っていると想定された主体に取って考えるのでなければ、転移については考えることもできません。

今やみなさんも、その主体が何を知っていると想定されているのかはよくお解りでしょう。この主体が端的に意味作用を口に出すやいなや誰もがそこから逃れることのできなくなるもの、そのようなものを知っていると想定されているのです。

この意味作用はもちろん――それがゆえに私はまず第一にこの主体の欲望の次元を露わにしたのですが――この主体がその意味作用を拒むことができない、ということを含んでいるのです。

この特権的な点においてのみ、我われはいかなる知も持たない絶対的な点の性質を認めることができるのです。この点はまさに一切の知ではないという点で絶対的ですが、この主体の欲望を、何が露わにされるべきかということの解決へと結びつける付着点です。

この主体が作用しはじめるのは、たんに欲望の主体であるがために知っていると想定されているという根源的支えに基づいてです。さて、何が生じるのでしょうか。そこで生じるのは、そのもっともありふれた姿として「転移の効果」と呼ばれているものです。この効果とは愛です。この愛は他のあらゆる愛と同様、フロイトが指摘しているようにナルシシズムの領野のみにしか位置づけえないことは明らかです。愛するとは、それは本質的には愛されたいということです。

転移の効果において出現するものは、露わになるというような仕方で現れるものとは対極にあります。愛は、ここで本質的であることが露わとなった機能、つまり騙す機能として介入します。たしかに愛は転移の一つの機能と言えますが、それは転移の抵抗の側面です。我われはみな、転移のこの効果が現れたら解釈してやろうと待ちかまえていますが、同時に、転移が主体を我われの解釈に対して閉じさせてしまうということも解っています。疎外の効果――そこでは我われと患者という効果が主体と〈他者〉との関係として展開されるのですが――がここでははっきりと表に現れています。

そこで、ここでは次のことを指摘しておくのがよいでしょう。それは、フロイトも言っていることですが、いつも避けられていて、転移の言い訳というよりむしろ正当性と見なされていることです。つまり、なにものも「不在において、模像によって in absentia, in effigie」到達されることはないだろうということです。その意味は、転移はその本性上、以前に体験されたなにものかの影ではないということです。それどころか、主体は分析家の欲望に従属するものとして、分析家に自身を愛させて、愛という本質的に虚偽であるものを自ら提供することによって、この従属によって分析家を騙そうと欲望するのです。転移の効果、それは現在、今ここで反復されるものであるかぎりでのこの騙しの効果です。

転移が過去に起こった似たようなことの反復であると言えるのは、ただたんに同じ形式のものであるという点においてのことです。転移は異所形成ではありません。転移は、愛の昔の騙しの影ではありません。転移は、純粋な騙しの機能の現在への封じ込めです。そのために、我われは、いわゆる転移性の愛の裏側にあるものは、分析家の欲望と患者の欲望との間に結びつきがあるという確証である、と言うことができるのです。それはフロイトが、まるで雲雀を鏡で騙すように、一種の手品のように「結局のところ、それは患者の欲望にすぎない」という言葉で表現したことです。その言葉でどれほど同業者たちが安心させられたことでしょう。それは患者の欲望である。たしかにそのとおりです。ただ、それは分析家の欲望との出会いにおける患者の欲望なのです。

この分析家の欲望を、私はまだ名づけていない、と言うつもりはありません。というのも、そもそもいったいどうやって欲望そのものを名づけることができるのでしょうか。欲望とは、むしろ囲い込むべきものなのです。その点では、歴史上多くのものが我われにその痕跡を残しています。

我われが発見した、分析の倫理とストア学派の倫理との間の共鳴は――この問題に少しでも首を突っ込めば解ることですが――奇妙なものではないでしょうか。本質的にはストア学派の倫理とは何でしょうか。それは、いつかみなさんにそのことを示す時間があればいいのですが、〈他者〉の欲望の絶対的な摂政制度の認識にほかなりません。このことは「神よ、あなたの思し召しのままに」という言葉としてキリスト教徒の領域で再び取り上げられています。

より根元的な関連づけが必要です。主人の欲望と奴隷との関係について問いを立てることができるでしょう。ヘーゲルは、その問いはすでに解決されたと言います。しかし、決して解決されてはいません。

残念ながら、今年度ももうすぐみなさんとお別れしなくてはなりませんし、次回で講義も終わりですから、今後どういう方向に進むのかということについて少し述べておくのもいいかと思います。

主人は死の引き受けとの根源的な関係においてしか位置づけられないというのが真実だとすれば、主人に欲望との関係を把握させるのは相当に困難なことだと思われます。私はヘーゲルにおける主人のことを言っているのであって、古代の主人のことを言っているのではありません。この古代の主人についてはいくつかの人物描写が知られています。とりわけアルキビアデスの場合は、彼と欲望との関係がはっきりと見て取れます。彼は、彼自身もそれが何かは知らずに「アガルマ agalma」と呼んでいるものをソクラテスに要求します。以前にこの言葉を私がどのように使ったかをご存じの方もいらっしゃるでしょう。この「アガルマ」を再び取り上げてみようと思います。神秘ともいえるこの「アガルマ」は、アルキビアデスの眼差しを取り囲んでいる靄の中では、あらゆる善を越えたなにものかを表すものです。

ソクラテスの答えた言葉が、若い頃に自分自身に向かって言った「汝の魂に専念せよ」ではなく、この赤ら顔の凝り固まった男にふさわしい言葉「汝の欲望に専念せよ、汝の玉葱に専念せよ occupe-toi de tes oignons」(2)という言葉であるという事実のうちに、まさに転移の位置づけの技法の原型を見ないわけにはいきません。この場合の「汝の玉葱」を、プラトンが軽薄で馬鹿馬鹿しい、ほとんど道化師のような男のうちに具現化させたというのは皮肉の極みです。プラトンが愛の性質についてアガトンの口から語らせた言葉は、アガトンが軽薄で、ほとんど道化師のようなものであることを示している、と指摘したのは私が最初だと思います。この道化師のような態度のせいで、アガトンは主人の欲望を引きつけ続けるにはおそらくもっともふさわしくない対象になってしまっています。しかも、彼はアガトン(3)と呼ばれています。つまり、プラトンが至高の価値を与えた名前ですが、そのことは——おそらくそのつもりはないにせよ——、明らかに見過ごすことのできない皮肉です。

このように、主人の欲望とは、それが歴史の中で作用しはじめて以来、その本性上もっとも迷走した用語であるように思われます。一方、ソクラテスが自分なりの答えを得たいと欲望するとき、彼が問うのは、自身の欲望を主張する何の権利も持たない者、つまり奴隷に対してです。この答えを、彼は奴隷からいつも得られると確信しています。「理性の声は低い、しかし、いつも同じことを語る」とフロイトはどこかで言っています。(4) フロイトが無意識の欲望についてまったく同じことを言っているのだ、と結びつける人はいないのですが、無意識の欲望においてもその声は低い、しかし、その執拗さは不滅なのです。つまり、おそらくその二つの間に関係があるということです。この両者の繋がりという意味においてこそ、我われは分析家の欲望を位置づけることが問題となる場合に我われの眼差しを奴隷の方へと向けなくてはならないでしょう。

3

本日の話を終わる前に、次回のために二つのことを指摘しておきたいと思います。この二つの指摘は、同一化の機能についてフロイトの行った標識づけに基づいています。

同一化にはいくつかの謎があります。それはフロイト自身にとっても同じことでした。同一化の関係においては愛の退行がきわめて容易に生じることに、彼は驚いているようです。このことは、愛と同一化はある領域では等価であり、またナルシシズムと対象の過大評価、すなわち「惚れ込み Verliebtheit」とは愛においてはまさに同一物である、とフロイトが述べているテクストのすぐそばにあります。

フロイトはこれだけを言うに留めていますが、ここからイギリス人の言うさまざまな「糸口 clues」、足跡に残されたいくつかの手がかりを、みなさんがテクストの中で再発見されるよう願っています。これで事態が十分に明らかにされたわけではありませんから。

『集団心理学と自我分析 Massenpsychologie und Ich-Analyse』の同一化を扱った章の中で、私が強調したのは同一化の二番目の形態でした。それは、「einziger Zug」、つまり一なる印、自我理想の原基、核をこの二番目の同一化の形態において標識づけ、またこの形態から際立たせるためでした。この一なる印とは何でしょうか。これは、「快Lust」の領野の特権的な対象でしょうか。そうではありません。

一なる印は、ナルシシズム的な同一化という最初の領野の中にあるのではありません。フロイトはこの領野を同一化の最初の形態と見なしています。ちなみにひじょうに興味深いことに、彼は同一化の最初の形態を、母へのリビード備給そのものに先立って——ですからもちろん神話的な時のことですが——父が持っている一種の原始的なモデルや機能の中に具現化させています。ところで、一なる印は、主体がそこに引っかかるという意味で、欲望の領野の中にあります。また、欲望の領野はシニフィアンの支配の中でしか、つまり主体と〈他者〉との関係がある水準でしか、決して構成されません。一なる印の機能を決定しているのが〈他者〉の領野であるのは、その時フロイトが展開している局所論において同一化の重要な時期、つまり理想化、自我理想がそこから始まるからです。この一なる印という最初のシニフィアンについて、私は、原始時代の猟師が獲物を仕留めるたびに刻み目をつけて数を数える骨の例を挙げて、示しました。

自我理想の影響の本質的な源は、一なるシニフィアンがここで「Lust」の領野、つまりナルシシズム的な一次的同一化の領野で機能しはじめる交差点にあります。鏡の中で自我理想に対応しているもの、つまり鏡の前で自分を抱えている親という形でその最初のものが現れるのを主体が見たその存在に鏡の中で対応しているものを、私は他のところで描写しました。鏡の中で自分を眼差している人という目印に引っかかるようにして出現するのを主体が見るのは、自身の自我理想でなく、理想自我、つまり主体がそこに自身の中の喜びを見出そうと欲望する点です。

これが、自我理想によって構成される機能、源、有効な道具です。ちょっと前のことですが、ある小さな女の子が、「私が私に可愛らしく見えるように誰かがお世話してくれるときが最高よ」と、優しく言いました。彼女はここで、転移の最初のときに働きはじめる源を無邪気に告白しているのです。主体は分析家とある関係を持っていますが、その関係の中心は、自我理想と呼ばれるこの特権的なシニフィアンの水準にあります。そのかぎりで主体は自身が満足し、また愛されていると感じるでしょう。

しかし、もう一つ別の機能があります。それはまったく異なる本性を持つ同一化を設立する機能であり、分離の過程によって導入される機能です。

私が言っているのは、分析が発見した特権的な対象のことです。この対象の現実性そのものは純粋にトポロジー的なものであり、この対象の周りを欲動は巡ります。この対象は、みなさんが分析の中で修繕している織物の下で卵形の木型のように瘤を作る対象、つまり対象 a です。

人間の生の中にシニフィアンが作用しはじめることが人間に性《セックス》の意味を出現させる、このことによって欲動において定義され特定されるもの、それをこの対象は担っています。つまり、人間にとっては、また人間はシニフィアンを知っているがゆえに、性《セックス》とその意味作用はつねに死の現前を現前化させる可能性があるということです。

生の欲動と死の欲動の区別は、それが欲動の二つの局面を顕在化させるというかぎりでは正しいでしょう。もっとも、それは次の条件を受け入れるかぎりにおいてです。つまり、あらゆる性欲動が出現させるものは死であるという意味においてこそ、諸々の性欲動は無意識の中で意味作用の水準でお互いに繋がっているということです。死と言いましたが、それはシニフィアンとしての死であり、それ以外のなにものでもありません。というのは死への存在がある、などと言うことがはたしてできるでしょうか。どのような条件において、どのような条件総体において、死すなわちシニフィアンがすっかり武装した姿で治療の中に不意に現れうるのか、この問題は諸関係を我われのように分節化する方法によってしか理解できないものです。

対象 a の機能によって主体は分離され、存在の揺れへの束縛、あるいは疎外の本質をなしている意味への束縛から解き放たれます。この対象 a の機能についてはすでにはるか以前からその痕跡がさまざまな形で示されています。いつか申し上げたように、言語性幻覚という現象は、この現象を指して使われている用語、つまり声という用語が意味しているものを考慮に入れないかぎり理解することはできません。

声という対象がそこに現前するからこそ、そこには「知覚する者 percipiens」が現前するのです。言語性幻覚は、偽りの「知覚されたもの perceptum」ではなくて、逸脱した「percipiens」です。主体は自身の言語性幻覚の中に内在しています。こうした可能性があるからこそ我われは、「percipiens」の調節に関して分析の中で我われは何を得ようとしているのかという問いを立てなくてはならなくなるのです。

分析が登場するまでは、認識の方法はつねに主体、「percipiens」を純化するという方法を辿ってきました。ところで我われとしては、主体の確証を、主体を支えることのできる汚物との出会い、つまりその現前が必要不可欠であるといっても不当ではない小文字の a との出会いの中に基礎づけているのです。

ソクラテスのことを考えてみてください。彼の不屈の純粋さと彼の「異所性 atopia」とは表裏一体です。つねに介入してくるダイモン的な声があります。ソクラテスを導くこの声はソクラテス自身ではない、と言ってよいのでしょうか。ソクラテスとその声との関係はおそらく謎でしょう。ちなみに、この謎は一九世紀初頭に心理記述者たちによって何度も取り上げられました。今日ではもはやそういうことに関わり合おうとする人はいませんから、彼らがそういうことをあえてなしたということだけでも、大きな功績です。

これは、知覚の主体と言うことで我われがいったい本当は何を言おうとしているかを知るために探索すべき新しい道です。分析家は声を聞くべきではない、と私が言ったということになっていますが、そんなことはありません。しかし、それでも、由緒正しい分析家、フロイトの直接の弟子であり、親交のあったテオドール・ライクの『第三の耳で聞く Listening with the third ear』という本を読んでみてください。実のところ、あたかも耳が二つあるだけでは、耳が聞こえなくなるのに十分ではないかのようなこの定式には私は賛成しませんが。それはさておき、この第三の耳が、彼に語りかけ彼に騙しを警告する何らかの声を聞くのに役立つ、と彼は強調しています。彼は良い時代、英雄的な時代に属しています。その時代には人は、患者の騙しの背後で語っているものを聞き取る術を心得ていたのでしょう。

たしかに我われはその時代より進歩しました。といいますのは、これらのバイアス、これらの裂開《クリヴァージュ》の中に、もちろんわずかに姿を見せているだけですが、対象 a を認める術を我われは心得ているからです。

質疑応答

P・コフマン――ボアズやテオドール・ライクに関してあなたが述べたことと、他方、『夢解釈』第七章の冒頭の父親についてあなたが述べたこととの間には何らかの関係があるのですね。

それはまったく明らかです。彼は眠っているのですが、それはどういうことでしょうか。彼が眠っているのは、我われもまた彼とともに眠るため、つまり、我われが理解されるべく定められたものだけしか理解しないためです。

私は、フロイトが到達したところで事柄を再び取り上げるために、ユダヤの伝統を引き合いに出そうと思いました。というのは、フロイトの絶筆が主体の分割を論じていたということ、そしてフロイトがちょうどその前に『モーセという男と一神教』においてユダヤの伝統のもっとも根元的なことを問題にしたということには、やはりそれ相当の理由があるからです。その根拠やさらにはその推論が、歴史上いかに異論の余地のあるものであるとしても、ユダヤの歴史の核心に預言の伝統という他のメッセージとは根元的に明白に異なるものを導き入れることが、まさに「真理との結託」を分析家としての我われの操作に不可欠の機能としていることに変わりありません。フロイトは、それに気づいていましたし、彼はそれをあらゆるやり方で書き記しています。そして当然、我われとしては、我われが真理との結託すべてから降りる程度に応じてのみ、真理というものを信じ、それに身を捧げることができるのです。

我われは多少とも親しい仲なのですから、そして何と言ってもここには分析の共同体の中で生み出される研究のことをよく知っている方も少なからずいらっしゃるわけですから、みなさんに次のような話をしても許されるでしょう。私は今朝、ある人が私に彼の人生や彼の幻滅を語るのを聞きながら、たとえば教授資格を得て研究主任になること、あるいは研究担当責任者になること、研究所の所長になること――そういうことは、将来の昇進のためには念頭に置いておかなくてはならないことですが――それらのことが、あるべき学問的経歴のうえで、どんなに面倒な仕事を背負い込むことになるかということについてよく考えてみました。学問上の思考の発展という視点から見れば、そのようなことは本来もっとも面倒なことです。さて、ある領野があります。それは分析の領野ですが、そこでは要するに、どこかに主体があるとしても、それはただ真理の要請する方向に自由に研究する資格を求めようとするとき初めてあると言えるのであって、そこで自由に機能することができて初めて自らを分析を行う資格のあるものと見なすことができるのです。さて、いったい何を血迷ったのか、分析の領野にも、最大限に大学の資格の授与の階級制を再現しようとし、自らの教授資格をすでに教授資格を持つ他の誰かによって根拠づけようとする人たちがいます。それどころではありません。彼らが彼らの道を、思考様式を、分析の領野を移動するまさにその方法を、ある人の教育から出発して自分で見出さなければならないときに、分析をよく実践する能力があるという許可や証明を得ようとして、彼らは、彼らが愚か者だと考えている他人にそれを求めているのです。私はこれもまた分析の領域と大学の領野の間の相違や共通点、両義性を示す例の一つだと思います。もし分析家自身が無意識の問題の一部をなしているということが言われるなら、ここにこそその素晴らしい例、そして分析すべき格好の機会があるようには見えないでしょうか。

一九六四年六月一七日

訳註

（1）ルクレールの論文のこと。XVI課3参照。

（2）「汝の玉葱に専念せよ」と直訳できるこの仏文には、「自分のことに専念せよ」という慣用的な意味がある。

（3）アガトン(Agathon)という名は、ギリシア語で「善」という意味を持つ。

（4）「知性の声はか細い。しかしこの声は誰かに聞き取られるまで止むことがない」。「ある錯覚の未来」高田珠樹訳、『フロイト全集20』岩波書店、六一頁。

このセミネールを終えるにあたって

XX　君の中に、君以上のものを

私は君を愛している、
しかし、不可解なことに
私が君の中に愛しているのは
君以上のもの――
対象 a――なので、
私は君を切り裂く

ここでこの一年間続けてきた話も、いよいよ結論づける段になりました。この場所で私がこうしてお話しするようになった事情は、私の教育の断続の中である事柄を顕在化させたのですが、そのある事柄を説明しているものこそ、まさに私がここで述べてきた根本概念の一つ、すなわち、「デュステュシア dustuchia」、出会い損ねという概念なのです。

そのために私は、〈父の諸名 Noms-du-père〉に関する私の教えにしたがってきた人々に踏み出してもらおうと思っていた一歩を、見送らざるをえなくなったのでした。しかしその代わり、こうして新たに構成された聴衆のみなさんのために、私がこの教えの始まり以来問題にしてきた事柄を、もう一度取り上げることができました。それは、「我われの実践が生み出す真理はどういう次元に属するものなのか」ということです。

我われの実践に関して我われに確かさを与えているもの、それについて、私はその基礎となる概念を、ここでみなさんに、無意識、反復、転移、欲動という四つの見出しのもとでお示ししてきました。もっとも、欲動の概略は転移の探求の内部に含めざるをえなかったのは、ご覧のとおりです。

我われの実践が生み出すものには、たとえ潜在的であれ、真理を目指す諸条件を持っていると称する権利があるのでしょうか。この問いは、秘教的な次の定式で言い換えることもできます。「我われがまやかしの中にいるのでないことを、どのようにして確かめるのか」。

1

精神分析とは何かという、いつも棚上げにされているこの問題をつきつめようとすると、個々の分析家の見解のみならず、その私的な営為においても、つねにまやかしの雰囲気が漂っている、と言っても言いすぎではないでしょう。まやかしを内部に隠してしまうのか、それとも追い払ってしまうのか、そこのところは曖昧ですが、精神分析家はいくつかのセレモニーや、作法や、儀式によってその危険から身を守ります。

私は本日の発言の中でまやかしという言葉を前面に出していますが、これはそれなりの理由があってのことです。この言葉が、精神分析と宗教との、そこからさらに科学との関係を探っていくための糸口になるのです。

これに関係して私は、一八世紀に歴史的な価値を持った一つの定式を指摘しておきます。それは、宗教とは根本的にまやかしである、という啓蒙主義の人――それはまた快楽主義の人でもあったのですが――の定式です。その時代以来我われがどんな道を辿ってきたかは、みなさんにわざわざお話しするまでもないでしょう。今日、いったい誰が、宗教に少しでも関係するものを、これほど単純に十把ひとからげにしようと思うでしょうか。世界の果てに至るまで、また、宗教に対する戦いが組まれるような場所においてすら、まさしく今日普遍的な尊敬を受けているのは宗教だと言ってよいでしょう。

この問題は我われがもう少し単純でない言葉で表現した信仰の問題でもあります。我われには基本的な疎外の実践がありますが、その基本的な疎外の実践の中であらゆる信仰は支えられています。信仰の意味作用が根こそぎ消え去ってしまうように見えるそのときに、いわゆる信仰の現実であったところのものから主体の存在が現れ出る、という主体に関する二重の項によって支えられているのです。存在に対する信仰の効果を何とか和らげようと思うなら、よく言われるような迷信の打破などでは不十分なのです。

一六世紀において厳密な意味での不信仰がいったいどのようなものでありえたかを現代の我われに見えにくくしているものがあるとしたら、それは間違いなくそのような姿勢です。この点では、現代の我われはかつてないほど、また逆説的に、無力な姿をさらしています。宗教者たちがもうすでに明敏に察しているように、我われのただ一つの砦といえば、ラムネー(1)が述べているように、宗教については我関せずを決めこむことしかありません。そしてこのことによって身の証を立てているのが、まさに科学という立場なのです。

科学は、主体の疎外の弁証法において決定される領野を除外し、回避し、隔離しておくことによって、そして自らは私の言う分離の領野にきっちりと身を置くことによって、学者、あるいは科学者といわれる人たちの存在様式を支えることができるのです。科学者の存在様式というのは、そのスタイルとか、しきたりとか、話し方のことです。つまりはこうして用心に用心を重ねることによって、自身がその召使いである科学の境位そのものを問われることになりそうないくつかの問題から身を守っているのです。これは社会的な観点ではきわめて重要な問題の一つですが、科学的知識の総体にどのような境位を与えるべきかという問題に比べれば、さほど重要ではありません。

科学的知識の総体は、主体との関係においては、私がここでお話しした対象 a の等価物にほかなりません。そのことに気づいて初めて、科学的知識の総体の射程を推し量ることができるでしょう。

精神分析はどこまで科学に還元でき、どこからができないか、という問題はなかなか汲み尽くせませんが、この問題の曖昧さは、精神分析が含んでいる、ある種の科学の彼岸に気づくことによって説明されます。ここで言う科学とは、前にお示ししようとした、デカルトの出発点の中にその本源を持っている、近代的意味での科学「なるもの」のことです。この彼岸ゆえに精神分析は、その形式と歴史のうえでしばしば似ていると言われてきたもの、すなわち教会、さらには宗教の中に分類されてしまうことになりかねません。

この問題を考えるにあたっては、次のことをぜひはっきりと押さえて出発しなければなりません。それは、人間が、この世界の中での、そしてその彼岸での己れの実存について問いを立てる諸々の様式の中で、宗教、つまり自らを問いに付す主体の存続様式としての宗教は、それに固有の、しかも忘却の印を帯びたある次元によって区別される、ということです。宗教という名に値する宗教にはどれも、操作的なあるものを保存することをその本質とするような重要な一つの次元があります。そして、それは秘蹟と呼ばれています。

信者たちに、あるいは司祭たちに、堅信は洗礼とどこが違うのか、と尋ねてごらんなさい。というのも、堅信が秘蹟であり、操作するものであるのは、それが何らかのもののうえに操作を加えているからなのです。堅信は罪を洗い流すのだとか、それは何らかの契約を更新するのだとか言われますが。私としては、それは本当に契約なのか、何か別のものではないか、この次元で起こっていることは何なのかなど、いくつかの疑問符をつけたいところです。我われに与えられるどのような回答の中にも、我われは操作的で魔術的な刻印を見出すことになるでしょう。そこにこそ、宗教の彼岸が顔を覗かせているのです。この操作的な次元を思い起こしてみると、まさにそれこそが、宗教の内部で、そして、我われの理性や我われの有限性の無力、あるいは分離という完璧に定義された理由のために、忘却の刻印を押されたものであることに気づかざるをえません。

精神分析がもし自身の境位の基礎づけとの関係で、これと同様の忘却を何らかの形で被っているのだとすれば、精神分析はセレモニーという形で、同じ空虚な局面とでもいうべきものを刻印されていることになりましょう。

しかし精神分析は宗教ではないのです。精神分析は科学「なるもの」と同じ境位から発しています。精神分析は、主体が自らを欲望として経験する中心的欠如の中に身を投じています。精神分析は、主体と〈他者〉の弁証法の中心に開いた裂け目の中に、危うい懸け橋のような境位を持っているとさえ言えます。精神分析は何も忘却すべきものを持っていません。なぜなら精神分析は自分がそのうえに操作を加えていると主張しなければならないような、そういった実体を認める必要性を有していないからです。性という実体さえ認める必要はないのです。

実際、精神分析が性に操作を加えることなどほとんどありません。精神分析は性的な操作について新たに我われに何も教えてはくれません。精神分析からは性愛技法の端くれすら出てきたことはありません。そちらの面については、アラブ、ヒンドゥー、中国、さらには場合によっては我われの伝統の最深部から我われの手もとに至るまでに多くの版を重ねてきた書物を手当たり次第に開いてみれば、そのどれにも精神分析よりはるかに多くのことが書いてあります。精神分析が性に触れるのは、性が欲動という形態でシニフィアンの列の中に姿を現しているからであり、またこの場所においては、主体の弁証法が疎外と分離という二つの契機のうちに構成されているからにほかなりません。精神分析は、人々が誤って性の領野で分析が果たしてくれるものと期待していた約束を果たしていませんが、それは、精神分析にはそんな約束を果たす必要などないからです。それは精神分析の領分ではありません。

一方、それ自身の領分では、精神分析は彷徨と混迷の並々ならぬ力を示しています。そのため、はっきり申しまして、精神分析の文献全体をいわゆる狂気の文学の中に入れるのには、ほとんど何のためらいもいりません。

まったく、自分自身が提出している事実についてさえも、精神分析家が正しく解釈できずに彷徨っているありさまは目を覆いたくなるほどです。最近もまた、『基礎の神経症 la Névrose de base』という本を読んでそう思いました。これはたしかに分析実践でよく出会う多くの現象を集めてまとめており、まあ気が利いているというか、感じのよい本ではあります。しかし、著者のベルグラーが乳房の機能について指摘しているせっかくの事実も、男性優位とか女性優位とかいう当世風の論争の中、つまりは大いに情熱的要素をかき立てるだけの議論の中で、すっかり得るところのない方向へと迷い込んでしまい、問題の本質は何かという点では、ほとんど何ももたらさないものになっています。

本日はっきりさせなくてはならないと考えていることは、何が精神分析の動きの中で私が対象 a として取り出したものの機能に依拠しているのか、ということです。ですから私がたった今ベルグラーの本を思い出したのも、必ずしも意味のないことではありません。あの本は、部分対象の本来的な機能を、またたとえば彼が大いに活用している乳房が何を意味しているかを、十分明確化することができていないので、それ自体は面白い本だとしても、結局は彷徨い、空しい内容に留まっています。

対象aは、経験自体の中で、すなわち転移によって支えられた歩みと過程の中で、その特別の境位によって我われの注意をひきます。

2

人々はたえず、自分が何を言っているかをまったく知らないままに、いわゆる転移の「清算」(3)ということを口にします。この言葉は何を意味しているのでしょうか。清算といっても、借金がなくなることを言っているわけではなさそうです。とすると、蒸溜器を使った何かの実験でもやってみようというのでしょうか。「それは流れて、どこかに注がれ、空けられるべきだ」ということでしょうか。もしも転移が無意識の現勢化なのだとしたら、転移は無意識の清算でもありうるということになるのでしょうか。精神分析を終えた後には、もはや我われには無意識がなくなってしまうのでしょうか。あるいは、清算されるべきなのは、私の用語を採用するなら、知っていると想定された主体なのでしょうか。

とはいえ、この知っていると想定された主体、あなたについて何かを知っていると想定されていながら実は何も知らない主体が、分析の終わり頃になって、少なくともあなたについてちょっと知りはじめた頃になって、清算されたと見なされうるというのも、やはり奇妙です。つまり、知っていると想定された主体が、もっとも堅固さを獲得したときに、それは蒸発してしまうことになります。したがって、転移の清算ということが意味を持つとすれば、無意識の閉鎖という意味で転移を起こさせがちなあの欺瞞を恒久的に清算するのでなくてはなりません。この欺瞞のメカニズムについては、主体が己れを愛すべき対象にしていくナルシシズム的関係に基づいてすでにみなさんに説明しました。主体は、主体を愛するはずの者を引き合いに出すことによって、〈他者〉を蜃気楼的関係の中へと誘い込み、かくして自分は愛すべき者であることを〈他者〉に納得してもらおうとします。

この機能が自然に行き着く先を、フロイトは同一化という名で我われに示しました。ここで言う同一化は、鏡像的な、直接の同一化ではありません。そのことをフロイトは、絶妙の筆遣いで述べています。どうか先日指摘した『集団心理学と自我分析』の中の「同一化」と「惚れ込みと催眠」の二つの章をお読みください。ここで言う同一化は鏡像的な、直接の同一化ではなくて、その支えです。それは、主体によって選ばれた〈他者〉の領野の中の一つの視点、そこから鏡像的な同一化が十分満足のいくような姿で見られるような視点を支えているのです。自我理想の点は、主体がそこから自分を見るであろう点、ちょうど「ひとの目から見るように」と言われているあの点です。そしてこのことは、愛という観点から見て彼にとって満足のいくような双数的状況の中で主体が身をもちこたえることを可能にしてくれるでしょう。

鏡像的な蜃気楼というかぎりで、愛は欺瞞という本質を持っています。愛は、快への参照という水準に設立された領野の中にあるのですが、その領野は、理想 idéal の点を中心にした一つの視点を導入するのに必要なただ一つのシニフィアンによって設立されています。この理想の点は大文字のIと書きますが、これは〈他者〉の中のどこかに座を占め、そこから〈他者〉が、私がそう見られたいような形で、私を見ているのです。

さて、分析は、転移の中にある欺瞞の面に呼び出されて、このような方向に収束していきますが、この収束の中で、何か逆説のようなものとの出会いが起こります。それが分析家による発見です。この発見は、ある別の水準、つまり我われが疎外の関係を位置づけた水準においてしか、理解されないものです。

我われが対象 a と呼ぶあの特異な、類を見ない、逆説的な対象、これをここでもう一度取り上げることは、繰り返しになるかもしれません。しかし私は、被分析者が、結局その相手つまり分析家に、次のように言っているのだということを強調することで、対象 a をより凝縮した形でみなさんにお示ししようと思います。つまり、「私は君《テュ》を愛している、しかし、不可解なことに私が君の中に愛しているのは君以上のもの——対象 a ——なので、私は君を切り裂く」と。

ここに、乳房のコンプレックスの意味があります。ベルグラーはこれを「哺乳コンプレックス mammal complex」と呼んで、その口唇欲動との関係を見事に論じています。ただし、この口唇性は栄養物とはまったく何の関係もないということと、彼が切り裂きという効果のみを強調しているということを除けば。

患者はさらに、こうも言います。「私は君に私を差し上げます、でも——成句に言うところの——私が捧げたこの身 ce don de ma personne は、あら不思議、不可解なことにウンチのプレゼントに変わってしまうのです」(4)。このウンチという言葉は分析経験の中では、口と同じように本質的です。

解釈による解明の作業の終わりにこのような転回点が訪れたなら、たとえばあの白い頁の眩暈も、遡及的に理解することができます。この現象は、才能に恵まれながら精神病の境界に立たされていたある人物において、〈他者〉の接近のすべてを塞き止める、症状的な遮蔽物の役目を果たしていました。彼のえも言われぬ知的な活動がそこで止まってしまったあの白い頁、彼はそれに文字通り触れることができなかったのですが、それはつまり、彼はそれをトイレットペーパーとして恐れていたからにほかなりません。

つねに、そしてあらゆる場所で再発見される対象 a は、このように現前しているのですが、転移の働きの中にその現前の影響がいかに及んでいるのかを、どのようにしてみなさんにお話ししたものでしょう。今日はもうほとんど時間がありませんが、そのことをイメージしてもらうために、ちょっとした寓話を取り上げることにしましょう。実はこの寓話は、みなさんの中の何人かの人々による小さな集まりでいつか話をしたときに、最初の部分だけを作っておいたものです。今日はそれを最後までお話ししましょう。繰り返し聞いてもらうことになる方々にはお詫びをせねばなりませんが、その方々にとっても続きの部分は新しいものであるはずです。

主体が分析家に、つまり知っていると想定されていながら、まだ何も知らない主体に話しはじめるとき、そこで何が起こっているのでしょうか。まず、必然的に、要求として形づくられていくような何かが、彼に向けられていきます。精神分析とは欲求不満を認めてあげることだ、というような考え方がここから出てきていることは誰にも解ります。しかし、主体が要求しているのは何なのでしょうか。問題のすべては、ここにあります。なぜなら、主体は、自分の食欲や欲求がどのようなものであれ、せいぜい好みのメニューを組むぐらいで、そこでは満足は見出されないだろう、ということをよく承知しているからです。

私が小さいときに読んだ寓話に、エピナル版画(5)が付されていて、焼き肉屋の店先で焼き肉の匂いを貪っている乞食の話がありました。この場合、匂いがメニューです。それはシニフィアンであると言ってもよいでしょう、だって、それがさせられているのは、まさに話すことなのですから。さて、ここで話がややこしくなります――ここから私の寓話になるのですが――、このメニューが中国語で書かれているとしてごらんなさい。すると、まずはじめは、店の女主人に翻訳をお願いすることになるでしょう(6)。返ってくる答えは、「皇帝のパテ pâté impérial」とか、「春の巻物 rouleau de printemps」とか、まあそんなものです。もしも中華料理店に行くのが初めてならば、翻訳してもらったところでそれ以上のことは何も解らないので、結局女主人に、「何がお薦めですか」と尋ねることになります。それはすなわち、「この中で私が欲望しているのは何なのでしょう、それを知っているのはあなたです」と言っていることにほかなりません。

しかし、この逆説的な状況はここで終わりだと考えてよいのでしょうか。この時点では、あなたは何と言いましょうか、女主人の直感力に自分を委ねていて、彼女の重要性はますます膨れ上がってきています。こうなったらいっそのこと、お望みなら、そしてチャンスがあれば、彼女のところに行って、その胸に触ってみれば、もっと適切なのではないでしょうか。結局、中華料理店に行くのは、たんに食べるためではなく、エキゾチシズムの中で食べるためなのですから。私の寓話が何か意味するとすれば、それは、摂食の欲望は栄養摂取とは別の意味を持っているというかぎりにおいてです。ここでは摂食の欲望は、精神機能から投げ捨てられてしまった唯一の次元、すなわち性的なものの次元の支えであり、象徴です。欲動が、部分対象との関係という形でその下に隠れているのです。

さて、この寓話がみなさんにいかに逆説的で無遠慮に見えようとも、まさにこれこそが分析の現実において重要なことなのです。分析家はテイレシアスの役目を負うだけでは十分ではありません。アポリネールが言うように、分析家はさらに乳房を持っていなければならないのです。私が言いたいことは、転移の操作や取り扱いは次の二つの点の間に距離をとるような仕方で進められなければならない、ということです。一つは、そこから主体が自分を愛すべきものとして見る点、そしてもう一つは、主体が自分を対象aによって欠如として生起させられるものとして見る点であり、これは主体を創設する分割によって構成される裂け目をaが塞ぎにやってくる点です。

aは決してこの裂け目を越えることはありません。対象aに固有の機能を捉えるのにもっとも特徴的な項、すなわち眼差しのことを考えてください。この対象aは、欲望のナルシシズム的機能による幻の領野の中で、いわばちょうどシニフィアンの喉につかえた飲み込めない対象のようなものとして現れます。まさにこの欠如の点にこそ、主体は自分自身をそれとして認めなければなりません。

私は「同一化」のセミネールにおいて、転移を、私が当時「内巻きの8」と呼んだ形でトポロジー化しましたが、あの形が出てくるのも、今申し上げたことがその理由です。「内巻きの8」は、黒板に書いてありますように、とぐろを巻くように二重になった輪です。この内巻きの8の本質的な点は、それぞれの巻き目は互いに続き合うにあたって、もう一方の巻き目とどの点でも並び合うことになる、ということです。簡単に、こちらの巻き目が広がったと考えてください。そうすればそれは、もう一方の巻き目にぴった

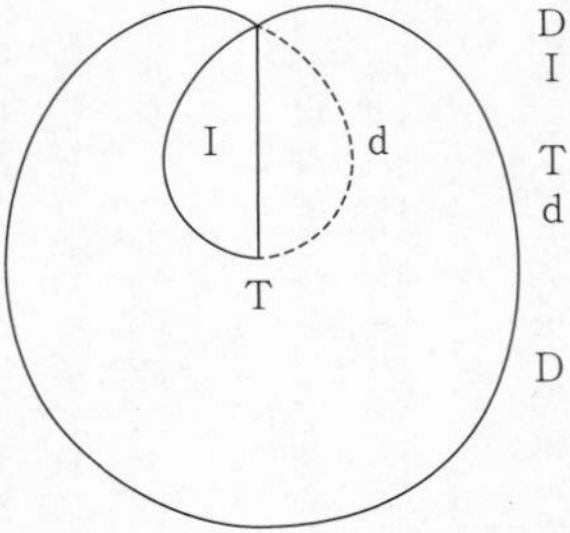

D：要求の線
I：交わりの線
〈同一化〉
T：転移の点
d：欲望

りと重なり合うことがお解りでしょう。

それだけではありません。問題になっているのは切れ目によって定義される一つの面なのですから、私が言わんとすることを理解していただくためには、一枚の紙片を手にとって、ちょっとしたコラージュ細工をしていただければよいのです。この面が形成している葉が、回帰の際に、結局はもう一つの葉とぴったり重なり合い、両者が一つの縁《ふち》で連続するということはたやすく想像できます。まったくの普通の空間においてさえ、このことは何の矛盾も含んでいないということに気をつけてください。ただ、この面の射程を把握しようと思うなら、三次元空間からはやはり身を引かなければなりません。というのは、ここでは面の機能のみに限定されたトポロジー的現実が問題になっているからです。しかし、こうして三次元空間に置いて考えていただけば、面の一部分は、もう一つの部分がその縁によって自分自身へと戻ってくるときに、一種の交わりをそこに作る、ということが簡単にお解りいただけるでしょう。

この交わりは、我われの空間の外側で、一つの意味を持っています。三次元空間とは関係なく、この交わりは、面の、面自身への一つの関係として、構造論的に定義可能です。なぜならば、面は、自分自身の上に帰ってくるときに、おそらく決定可能な一つの点によって、自分自身を横切るからです。そうです、この横切りの線が我われにとって同一化の機能を象徴化してくれるものなのです。

実際、分析の中で自らを語ることによって主体が自らの陳述を転移という抵抗の方向へ、つまり愛と攻撃という欺瞞の方向へ導いていく作業によって、何かが生まれてきますが、その何かによる閉鎖の価値は中心へと展開していくこの螺旋の形態の中にこそ示されています。私がここに縁によって描いたものが、〈他者〉の場所によって構成される面へと戻っていくのですが、その出発点は、自らのパロールにおいて已れを実現しながら、知っていると想定された主体の水準で主体が設立される場にあります。分析の目的を、分析家への同一化として定義するような考え方――それが無邪気さからであるのかどうかは知りませんが――は、そのこと自体によって已れの限界を告白しているにすぎません。分析家への同一化によって終結するべきだと相も変わらず教義化しているよう

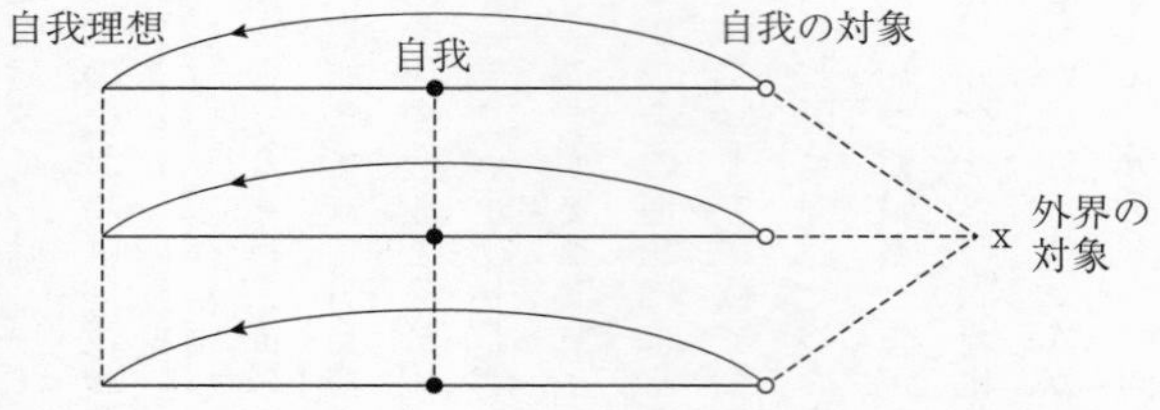

フロイトの図式

な分析は、真の原動力が取り除かれているということを露わにしています。この同一化には一つの彼岸があるのであって、その彼岸は、小文字の対象 a と、理想化する、同一化の大文字のIとの間の関係および隔たりによって定義されます。

このように主張することが実践の構造においてどんな内容を含んでいるのか、その詳細をこの場でお話しすることはできません。ここではむしろ、さきほど言及したフロイトの著作の「惚れ込みと催眠」という章を参照しましょう。フロイトはそこで催眠と恋愛状態、つまり「惚れ込み Verliebtheit」と彼が呼ぶその極端な形を、見事に区別しています。彼はそこで、一旦読み取れるようになれば彼の著作のどこにでも読み取れるある事柄に、もっとも明確な理論上の目印を与えています。

ナルシシズム的なものとして定義される対象、つまりてつぎのような機能をもつ図式があります。すなわち、$i(a)$と、aの機能との間には本質的な差異があります。フロイトが催眠に関して提示している図式を一目見れば、それが同時に、フロイトがこの論文を書いていた当時に興隆していた一つの現実としての集団的幻惑に対する定式であることが見て取れるでしょう。私が黒板に書いたのはフロイトのこの図式の忠実な再現です。

彼はここで、彼の言う対象――そこにこそみなさんは私の言うaを認めなくてはなりませんが――、自我、そして自我理想を示しています。これらの曲線はというと、これらは、aと自我理想との結合を示すためのものです。フロイトはこうして、対象aそのものと自我理想と呼ばれるシニフィアン的な指標とを同じ位置に重ね合わせ、これが催眠というものの境位であることを示しています。

私はすでにみなさんに、この点を理解するために必要な要素を、対象aが眼差しと同一でありうるというお話をしたときに提供しておきました。フロイトはまさしく、催眠における対象は、把握困難だが抵抗しがたい一要素、すなわち術者の眼差しであると定式化することによって、催眠の核心を指し示しています。私が眼差しの機能や、眼差しとシミとの根本的な関係について述べたことを思い出してください。世界には、世界を見るための視力が存在する以前にすでに眼差すなにものかが存在しています。言いかえれば、擬態における目玉模様は、主体が見ることができ、かつ魅了されうるための前提条件として不可欠であるということ、すなわち、シミによる魅惑はシミを発見する視力に先立つものであるということです。同じ考え方にしたがって、催眠における眼差しの機能を捉えることができます。むろんこの機能は、ガラス製の栓なり、その他何であれ少しでも光るものによって、果たされることができます。

催眠を、そこで主体が自らを印づけている理想的シニフィアンと対象 a との混同として定義することは、かつて提出されたうちでもっとも信頼できる構造的な定義です。

さて、精神分析が設立されたのは催眠から自らを画することによってである、ということを知らない人はいないでしょう。それというのもまさしく、精神分析の操作の基本的な原動力はIと a との間の隔たりを保つことにあるからです。

指標となる定式をみなさんにお伝えしておきましょう。転移が要求を欲動から遠ざけるものだとすれば、分析家の欲望は要求を再び欲動へと連れ戻すものなのです。この道を介して、分析家は a を分離し、それを、彼がその具現者になるべく主体から求められているもの、すなわちIから可能なかぎり離れたところに置くのです。分離するものとしての a の支えとなるために、分析家はIとの同一化という理想化から失墜しなくてはなりません。それができるのも、分析家の欲望が、一種の逆催眠の中で、彼の方こそが催眠をかけられた者の立場に身を置くことを可能にしてくれるからです。

同一化という平面を乗り越えることはこうして可能になるのです。私の教育分析において分析経験を最後まで体験した人は誰でも、私の言っていることが真実だと知っています。

曲線が再び閉じるのは a の機能の向こう側においてです。そこは、分析の終結に関して、a の機能について決して何も語られない場所です。対象 a との関係による主体の標識づけの後には、基本的な幻想の経験が欲動になります。すると、欲動とのこの根本的に不透明な関係を経験した人は、どうなるのでしょう。根元的な幻想を通り抜けた《トラヴェルセ》主体は欲動をどのように生きるのでしょう。分析の彼岸とはこのことであって、いまだかつて論じられたことはありません。この問題は、現在のところ、分析家自身の問題として捉えていくしか取り組みようのないものです。なぜといって精神分析家こそ、分析経験の円環の全体をまさしく通り抜けて《トラヴェルセ》きた者であることを、要求されているのですから。

あるのは、ただ一つの精神分析、つまり教育分析です。それは、この円環をその最後の端まで辿って閉じた精神分析、という意味です。この円環は幾度となく辿られなくてはなりません。「徹底操作(反芻処理)Durcharbeiten」という用語を理解するには、なぜこの円環を何度も辿らなくてはならないのかが解っていなくてはなりません。私は、今はそのことには立ち入りませんが、なぜならそのことは新しい難問を導き入れますし、今年度は精神分析の基本のみを問題にしていますので、すべてを語ることはできないからです。

このシェーマを経験と読解の導きとしてみなさんの手に委ねますが、それが示していることは、転移は要求を同一化へと導く方向に働く、ということです。精神分析家の欲望――これは一つの x であり続けます――が同一化とはまさに逆の方向に向かうかぎりでこそ、分析経験の中での主体の分離を介して、同一化という平面の乗り越えが可能になるのです。こうして主体の経験は、無意識の現実によって、欲動がその姿を示しうるような平面にまでもたらされます。

3

人間が科学の中でこの三〇〇年来明確化してきたことを、対象 a の境位として規定される主体の境位の水準に据えることにどんな利益があるか、私はすでに指摘しました。

今日「マス・メディア」というなかなかうまい呼び名のもとに大変爆発的な仕方で出現している諸傾向、そして我われの領分にますます侵入しつつある科学に対する我われの関係そのもの、これらはすべて、基本的な四つ組としてみなさんにその位置を示してきた四つの対象のうちの二つを参照することによって、説明がつくでしょう。まず、その一つは声ですが、声は、我われの使う機器によって、地球的規模で、あるいは成層圏の高さで、伝わります。そうしてもう一つは眼差しですが、その侵入的な性格は、声にもまして示唆するところの多いものです。というのも、かくも多くのショーや幻想においては、我われの視覚が喚起されているというよりも、むしろ我われの眼差しが呼び出されている、と思われるからです。しかしこれらの傾向のことはさておき、実に本質的だと私には思われるもう一つの事柄に強調点を移しましょう。

それは、我われが生きてきた歴史への批判において深く覆われたままになっている事柄です。それは、ホロコースト(燔祭《はんさい》)の、もっともおぞましい形、その超絶した形と言われるもの、つまりナチズムのドラマです。

私の考えでは、ヘーゲル・マルクス主義的前提に基づく歴史認識では、この種の事件が出現したことを説明することはできません。この出現が物語っているのは次のことです。つまり、暗闇の神々へ生贄の対象を捧げることに抵抗することはほとんど誰にもできない、ということです。人々は巨大な力に捕らえられてしまうのです。

無視、無関心、あるいは眼差しを逸らせるといった言葉で、この神秘がまだどんなヴェールに覆われているかを説明することはできましょう。しかしこの現象に眼差しを向けてみる勇気のある人にとって――もう一度申しますが、己れの中にある生贄の魅惑に屈しない人はきわめて稀なのです――生贄とは、何を意味しているのでしょう。それは、我われは、私がここで「暗闇の神」と呼んでいるあの〈他者〉の欲望が現前していることの証言を、我われの欲望の対象の中に見出そうとしているということです。

これが生贄の永遠の意味です。これにはなにものも逆らえません。ただし、維持することのきわめて困難なあの信仰、おそらくただ一人のみが満足に定式化することのできた、あの信仰によって力を得ている場合は別でしょう。その人はスピノザ、「神への知的愛 Amor intellectualis Dei」とともにあるスピノザです。

人々が誤って、スピノザにおける汎神論と形容してきたもの、それは実は、神の領野をシニフィアンの普遍性へと還元することにほかなりません。ここから、人間の欲望という点での例外的ともいえる静謐な解脱が生まれてきます。スピノザは「欲望は人間の本質である」と述べ、この欲望の基礎を神的属性の普遍性――これはシニフィアンの機能を通してしか考えられない普遍性です――に対する根源的依存の中に据えています。そのことによって、この哲学者は類例のない立場に到達し、自ら一つの超越的な愛と一体になるまでになりました。これは、彼が自らを育んだ伝統から引き離されたユダヤ人であった、ということと無関係ではないでしょう。

我われにとって、この立場は維持しがたいものです。経験の示すところによれば、カントの方がより事実に近いと言えるでしょう。すでに論証したように、実践理性に関して書かれたカントの良心の理論は道徳的法則の一つの明示によってのみ成り立っているものですが、よくよく見れば、この道徳的法則とは純粋状態の欲望にほかなりません。そのような欲望こそまさに、人間的優しさという点での愛の対象をすべて生贄に捧げることに通じます。私の言っているのは、たんにパトロギッシュ(7)な対象の拒絶というだけでなく、その殺害、生贄へ通じている、ということです。だからこそ、私は『カントとサド』を書いたのです。

これは、精神分析が、伝統的な倫理学の努力、まさにもっとも高貴な努力の背後にあるものを見させてくれる例なのです。

これは極限の位置です。この極限の位置によって我われは、次のことを把握することができます。つまり、再発見された知識に属するはずの領野の中に、人間が自身の状況を描き出すことができるのは、自身が欲望として繋ぎ留められている限界をあらかじめ満たしているからにすぎない、ということです。ある人々の目には我われが愛の価値を貶めたように見えたかもしれませんが、愛が据えられるのは、愛が何よりもその対象を諦める彼岸においてだけです。このことはまた、我われに次のことも理解させてくれます。つまり、生きることのできる穏やかな関係が一つの性《セックス》と他の性《セックス》との間に打ち立てられるような避難所には、とりなしが、つまり、父の隠喩という媒体のとりなしが必要である、ということです。それが精神分析の教えです。

分析の欲望は純粋欲望ではありません。分析の欲望は絶対的差異を得ようとする欲望です。絶対的差異というのは、主体が原初的シニフィアンに直面して、初めてそれに従属する位置にやってくるとき、そのときに介入する差異です。ここにおいてのみ、限界のない愛というものの意味作用《シニフィカシオン》が浮かび上がります。なぜなら、その愛は法の限界の外にあり、そのような外部においてのみ、生きることができるからです。

一九六四年六月二四日

訳註

（1）フランスのカトリック司祭、一七八二―一八五四。カトリック教会がフランス革命の打撃から立ち直ることを目標に多くの護教論的著作を著した。

（2）洗礼は聖霊を受けたことを表すが、堅信は聖霊の賜物によってさらに力づけられ、キリスト者として成人し、あかしの使命を与えられるものとして洗礼と区別され、キリスト教への入信を完成させる秘蹟（サクラメント）と考えられている。

（3）liquidation　この言葉自体に精製という意味がある。

（4）faire don de sa personne は「（女性が）体を与える」ことを意味する成句。

（5）フランス東北部のエピナル市で作られたやや稚拙で通俗的な色刷り教訓版画。

（6）両方とも中華料理の「春巻」のフランス語訳。

（7）フランス語では l'objet pathologique と書かれている。pathologique は通常「病的な」という意味だが、ここではカントを踏まえて「パトロギッシュな」とした。カントの『実践理性批判』において「パトロギッシュ」は、「感性的動因に関する」といった意味である。

編者説明文

ここではたいした役割を望んだわけではない。ジャック・ラカンの話したことをただ転写することを望んだだけである。それがやがて信頼を得、実在しない原本に匹敵することになるよう願っている。

実際、速記録をもとにした版を原本と見なすことはできない。そこには誤解が無数にあるし、身振りやイントネーションを補うものは何もない。とはいえ、それは「それがなければどうしようもない sine qua non」版である。それを一語一語評価し、立て直したが、屑籠行きは三頁にはのぼらなかった。

もっとも厄介なことは句読点をつけることであった。というのは、コンマ、ピリオド、ハイフン、パラグラフなど、どんな区切りも、それによって意味が決定されてしまうからである。しかし、読みやすいテクストはこうした代価によってこそ得られたものである。今後もこの原則にしたがって、すべての年度のセミネールのテクストが作成されていくことになろう。

J・A・M

後　記

本書は読まれることになるだろう、賭けてもいい。

私の『エクリ』とは違うのだ。『エクリ』の本はたしかに買うことはできる。買われたとしても、しかし、それは読まれないためにである、と人々は言う。『エクリ』が難解であることを事故のように受け取っていただいては困る。その原稿の封筒の上に『エクリ』と書いたとき、私は自らに誓いながらこう考えたのだ。私の言う意味での書《エクリ》は読まれないためにこそ作られるのだと。

それは、それが、別のことを語っているということでもある。

何を語っているのか。現在の自身の語り《ディール》がまさにそこに差し掛かっているので、私は私のやり方で、ここでそれを例証によって明らかにすることにする。

読者諸氏が今読了されたばかりのもの――私は少なくとも読者がこれを読了されたと想定して後記を記すわけだが――それは、したがって、一つの書《エクリ》ではない。むしろ一つの転写と言うべきものなのだ。私はこの転写という言葉をJ・A・M Jacques-Alain Millerの謙虚さのおかげで教えられた。この転写においては、そこで読まれるものがエクリチュールを通してもなお無傷のまま残るのである。

ところで、この読まれるもの、私はまさにそれについてこそ話している。なぜなら、私の語ることは、無意識、すなわち何よりも読まれるものにこそ、捧げられているのだから。

このことにこだわりつづけるべきだろうか。――当然である。というのもここでは私は書いているのではないのだから。もし書いているのだとすれば、私はセミネールに後記《ポストファセ》を記すのではなく、セミネールを後から消す《ポストエファセ》ことになってしまうだろうから。

私はこだわりつづけるだろう。それが読まれるのに必要なのだから。

しかし、まず私はこの仕事の作者に対して、私が語る事柄から読まれるものは、私がそれを語るということ〔行為〕からも読まれる、という事実を私に納得させてくれたことについて、感謝しておかなければならない。彼はそれを、彼の仕事のあいだずっと私に示してくれていた。「私がそれを語る」のうち、力点は「それを語る」の方に置かれるべきである。「私」の方はまだ走って動いたりしうるのだから。

　要するに、分析的ディスクールを一貫性のあるものにするためには、誰かが私に読み直してくれるものを私が信頼することはそれなりに有益かもしれない。師範学校《エコール・ノルマル》に私がやってきた時点のセミネールがその題材となるということは、私の孤立の終焉を記念することにほかならない。

　私がここに来るまでに費やした時間のことを思えば、私が、ごみ捨て出版 poubellication（1）と呼んでいる結末をことのほか嫌ってきたということは、誰も疑うことはできないだろう。とはいえ、私が語ることを、ほとんど大学風のやり方で人々が出版して忘れてしまう p'oublie（2）ということについて、私としてはそこに矛盾があることを認めるにやぶさかではない。

　私のようなやり方で書《エクリ》を提出すること、そのことは最前線においてはもう既定のものとなっているということに、またそのような書《エクリ》の境位はやがて打ち立てられていくということに、人々が気づいてくれればよいのだが。私がもうほとんどそこまで行っているのかもしれないが、そうはいっても私の発見よりもずっと前にすでにこうした提出の仕方は確立されていたのである。ご承知のように、結局、読まれざる書《エクリ》を取り入れたintroduire のはジョイスである。ジョイスは取り入れたintroduireというより、翻訳されなくしたintraduireと言った方がいいだろう。というのも、彼は、語を各国語を越えた通行手形にしてしまったので、それはほとんど翻訳されることもなく、どこの国でも同じようにまずは読まれないものになってしまったのだ。

しかしながら私は、自分が話しかける相手を見ると、その人たちの頭から彼らが学校で、そしておそらくは幼稚園ですでに得たと思っている事柄を取り除かないわけにはいかない。そこで得たものを、非幼稚園化するのだ。アルファベットを教わりながら読むことを学ぶという愚劣な行為をも。絵を見てキリンgirafe《ジラフ》とか、別の絵を見てメス猿guenon《ゲノン》とか読み取れる子が、それら二つの絵に書かれたGという文字は、その文字がそこに呼応していない以上、読まれることに何の関わりもないということすら、学ばないでいるかのようなのだ。

それ以来「非正書法」から何が産み出されるかは、書《エクリ》の機能を、言語活動《ランガージュ》において話す者のもう一つ別の様式であると考えることによってしか判断することができない。そうした地点でこそ、この手仕事《ブリコラージュ》はわずかずつでも進むことになる。しかし、事態がどうなっているのか知っていたならばもっと早く進むことができたかもしれない。

まさに解釈すべきところで、この読まれるということがそれにふさわしい仕方で理解されたということは、それだけでも悪くはないだろう。何を語っているかが読まれないような発話《パロール》は何であれ、それこそ、分析家が一瞬、ああ！と声をあげて、飛び上がり、立っていられないほどに、その聴力を集中するところのものである。

意図というものがある。挑戦 défi されれば人は逃げ出し défile、挑戦しながら défiant 人は防御し défend、抑圧し、息を荒げ嫌がる。すべては意図というものにとって都合がいいだろう。というのもあのユダヤの小話に耳を貸さないですむからだ。つまり、話す者の中で一番愚かしく bête ない者についての、いわゆるユダヤの小話の「どうして君は、真理を語って僕を騙すのか」という言葉を。それにしてもやはり、この話は、鉄道の時刻表が、クラコヴィーではなくてレンベルクと読み取る手助けになるのは、読解用の本ではないからだということを語っている。——むしろ、問題を一気に解決してくれるのは、駅が発行した切符なのだ。

しかし、書《エクリ》の機能は時刻表を作るのではなく、鉄道の道筋そのものを作るのである。そして私が書くような対象 a はまさに線路であって、それを通って、解釈されるべき要求を住まわせるもの、いや、潜ませるものが、剰余享楽へと達するのだ。

もし私が、ミツバチの採餌行動から、顕花植物の受粉の中でのそのハチの役割を読み取るなら、またもし、ツバメの群れがいつもより低く地面すれすれに飛んでいることから、嵐の予測をするならば、私が説明しなければならぬことは、ハチの行動やツバメの飛翔を、私が話すというこの事実によって、いったい何がシニフィアンへと移行させているのかということだ。

書《エクリ》という語を自分の尺度に合わせて「エクリ」を書いたことで、私が厚顔無恥だと非難されたことが思い出される。一人の日本人女性がそれについてわれを忘れて主張したが、そのことは私には驚きであった。

まさしくその女性の世話によって、私は彼女の国語が住まう場所に導かれたのではあるが、自分がそれでもその場所を足だけでしか探訪していなかったということを、私は知らなかったからである。ただ、敏感な人がこのエクリチュール〔漢字《セット》〕から受け取るものを、私は後になって初めて理解した。そのエクリチュールは音読みから訓読みへとシニフィアンを反映させ、そのためシニフィアンは多くの屈折によって引き裂かれ、その屈折に、ごく小さな新聞も、街角の看板も十分の意味を持たせ、頼るのである。なにものも岩戸の隙間から流れ出す光をこれほどに多く再生する助けにはならない。このことはそもそも天照大神によって示されているではないか。

話す存在は、これにより、無意識の技巧から逃れることができる。そして無意識の技巧はそこにおいて閉じてしまうために、話す存在にまで達することはない。私はとうとうそこまで考えるようになった。こういう限界事例をもとに私は自説を確認したのだ。

ステクリチュール(3)をあなた方は了解しない。それでいいのだ。そのことは、あなた方にとって、このものを説明しようとする理由となるだろうから。たとえもしそれが計画だけで中断しても、当惑するだけですむだろう。ご覧のように、そこから私のもとに残っていることといえば、こうして辛うじてそこから生還したということだ。

それでも当惑というものは、それが意味を持つためには、深刻なものでなければならない。しかし、このことについては私にしたがってきてもらえばよいだろう。私がこの言葉を不安についてのセミネールで正しく使ったことを忘れないでいただきたい。つまりここに来る前年のことである。これはとりもなおさず、人は私をうまく追っ払ったようには、当惑から容易に解放されることはないということを言っておくためである。

ここで読まれることについては、梯子があった方がよいとあなた方が思うことは予想できる。しかし、また降りてくるためなら、何も登る手助けをするつもりはない。

自分の発話《パロール》であったものを読み返して驚くのは、それ以後の私に訪れたものと照らしてみて愚行 bêtise をなすと思えるものを自分から予防したその確実さである。

毎回その危険はかぎりないと思われ、そのことが私を疲労させる。J・A・Mが私をそれから免れさせてくれたことは、私に、あなた方にとってはその危険が何ほどのことでもないのだろうと考えさせてくれる。それはまた、私がそれを免れるのは、私は書かれたもの《エクリ》によって、「信じ書く《エクロワール》écroire」以上のものを持つからだということを信じさせて《クルワール》もくれる。

日本におけるほどには「信じ書く」ことのない我われのために言っておこう。創世記のテクストで印象的なこと、それは「無カラ」の創造とは言うが、シニフィアン以外からはなにものも創造されないということである。事実それはそれ以上の価値を持たないから、自明のことである。

不都合なのは、実存がそれに依存していることである。語り《ディール》だけがその証人であるようなもの、それが実存である。

神が自らにそれを証明していることが、ずっと前から、神をその地位につけた理由に違いない。そうした神の地位について、聖書はそれが神話ではなく、確かな歴史であることを提示してきた。人はそのことに気づいていた。その点については、マルクスによる福音書も我われのものと何ら変わることはない。

恐ろしいのは、ものごとの全体がそれによって育成される関係というものが、享楽以外のなにものにも関わりを持たぬことであり、また、宗教は享楽に禁止を投げかけ、哲学は、享楽を前にしたパニックに由来するのだが、宗教による禁止が哲学のこのパニックを分有し、この禁止から、大量の基質が、唯一固有の基質《シュブスタンス》の代用《シュブスティテュ》として出現することである。唯一固有の基質とは、現実的なものとして存在することについて話すことに存する、不可能なものの基質のことである。

この「下の詩節 stance-par-en-dessous〔すなわち基質 substance〕」は、詩というすでに書かれたもの《エクリ》が語り《ディール》をもっとも愚かさ bête から遠いものとしたあの形式によって、より近づきやすいものになることもありえたのではないか。

これは、もしそれが、分析たるこの新しいディスクールの約束の地について私が想定するものにほかならないとすれば、構築される価値があるのではないか。

だからといって、不在こそが話者を現実的なものに接近させると私が言っている関係が、そこから期待されるというわけではない。

しかし、そこを流れている享楽が、世界として読まれるものを引き起こす、そんな技巧を凝らした運河を造り上げれば、そのときには人も認めることになるであろう、そのような技法こそ、そこで読み取られる事柄が、なるほど存在 onto——存在 onto と聞けばいそいそとノートをとる御仁 toto もいらっしゃるが——を、さらには存在同語反復論 ontotautologie を、避けているという事実に値するものだということを。
そしてそれに値するのはここだけではない。

一九七三年一月一日

訳註

（1）publication（出版）と poubelle（ごみ箱）を合成して作った造語。

（2）動詞 publier（出版する）の綴りを改変して、動詞 oublier（忘れる）を示唆した造語であり、さらにここにも poubelle（ごみ箱）の意がほのめかされている。

（3）原語 stécriture は、ste.+écriture 聖＋エクリチュールという意味の造語であろう。これは前段落からの続きで「このエクリチュール cette écriture＝漢字」を同時に含んでいると思われる。

講義要約

高等師範学校による歓待と、膨れ上がった聴衆が、我われのディスクールの前線の変化を示していた。

一〇年の間、我われのディスクールは、聴衆である専門家たちの能力に応じて調合されてきた。おそらくそれら専門家たちは、精神分析が彼らに提供する卓越した作用《アクシオン》についての、唯一受け容れ可能な証人なのであろう。しかし、彼らを募る諸条件が、彼らを、その作用《アクシオン》をつかさどる弁証法的秩序に対し、まったく閉ざされたものにしている。

我われは、彼らが使うために一つの「オルガノン〔＝学問の基礎手段〕」を調整し、ある予備教育過程に従ってそれを発信してきた。その予備教育過程は、彼らが先行段階の正当性を評価することができるようになるまでは、いかなる段階も省いて進むことのないものであった。

我われがこの危機に、総合の機会を見出すというよりも、むしろフロイトによって我われの手に遺された領野のなかに我われが復元した現実的なものの断崖を明らかにする義務を見出すなかで、我われが覆さなければならないのは提示法《プレザンタシオン》であるようにみえた。

この現実的なもののヘーゲル的還元(それがこの現実的なものを理性的なものとして再確認するためのものでなくても)とはまったく異なる我われの努力は、知の主体のなかに産み出される転覆にそれ固有の境位をすでに与えていた。今年度の我われのセミネールは、この転覆において創始的な機能を果たしている四つの概念を選んだ。無意識、反復、転移、欲動である。それぞれを再定義し、さらにそれらを一つの共通機能のなかに捉えるトポロジーによってそれらが結ばれていることを示すためである。

それゆえ、我われの企図を根元的なものにしている次のような問いはなお残ることになった。すなわち、「精神分析は一つの科学か」から「精神分析を包含する科学とは何か」に至るような問いである。

「無意識」は、我われの初期の言い方では、シニフィアンの効果であり一つのランガージュとして構造化されたものと主張されていたが、ここでは、時間的な拍動として捉え直された。

「反復」において、「オートマトン」というその外観の背後に隠れている「テュケー」の機能が白日のもとに示された。出会い損ねがここでは現実的なものとの関係として取り出されている。

愛の欺瞞と結びついた閉鎖の時としての「転移」は、この拍動へと統合された。

「欲動」について我われは一つの理論を提出したが、その理論は、この講義要約の提出を突然求められた六五年度半ばにおいてはまだ私という名の刻印を剝がされていなかったと思う。

その恒常性の理由、孔の特権性を説明する「縁《ふち》」のいわゆるトポロジー、戻ってくる作用《アクシオン》の身分、目標と対象の乖離といったものがここで初めて明らかになった。

この戦果一覧は、そのような結び目を確実にするのに必要な旋回についても、そこに包囲されるものについても、十分に語っていない。

我われはそこに、確信の主体として認知の主体から区別されるものとしてのデカルト的主体の先取りをいま一度指摘した。そしてまた、いかにしてその主体が、無意識によって再評価されて、精神分析的作用《アクシオン》の前提条件の一つとなるのかを指摘した。

同様に、視認欲動は、範例として使用されるために、特殊な展開を被ることになった。そこで視覚と眼差しのアンチノミーを論証することには、フロイト思想にとって基本的な領域、すなわち失われた対象の領域に達するという目標があった。

この対象を、我われは、幻想のもとに置かれる主体の位置《ポジシオン》の原因として定式化してきた。

しかし、時を同じくして著作『見えるものと見えないもの』——まさにそこで、メルロ＝ポンティの問いの明らかな転回が、その到来の時そのものにおいて中断しているのだが——が敬意あふれる遺稿の検討を経て出版されたことによって、我われは、存在的達成の試み全体のなかで構造的な諸特徴に帰属する優先性というものをしるしづけるよう促されることとなった。我われは、「存在のいくつかの主体的位置《ポジシオン》」を来たるべき次年度にと予告して、そのアプローチを中断した。

この転回点において、我われにとって驚きであったある種の拡散に応じて我われのテーマが被った弛緩という影響を、我われは、我われの語り《ディール》の含意によって、いくつかの限界の中に押しとどめてきた。そうした限界については、時とともに、読み取られていくであろう。この修正は、構造主義の旗印のもとに——今は広すぎるしかたで——集結ているものすべての運命に関わっている。

精神分析がその鍵を握っている倫理的相関関係、そしてそれがゆえに不安定な運命にある倫理的相関関係が、科学の歩みのなかで、もう一度確証される。

だからこそ、我われの最終段階は、政治批評の流れのままにしておくことによって堕落した疎外の概念を、主体を構成するものとして我われが推奨した大文字の〈他者〉の場に基づいて再検討することによって、大論理学の基礎へと戻ったのである。

「一九六五年の高等研究実習院年報のために作成された講義要約」

文庫版 訳者覚え書き

本書はJacques Lacan, Le Séminaire, Livre XI: Les quatre concepts fondamentaux de la psychanalyse 1964, Texte établi par Jacques-Alain Miller, Seuil 1973の全訳であり、二〇〇〇年に岩波書店から刊行された翻訳（小出浩之、新宮一成、鈴木國文、小川豊昭訳）の改訳版である。

翻訳初版刊行から二〇年を経て、その間に『フロイト全集』が刊行されるなど、本書を取り巻く状況は変化した。今回、文庫版を出版するにあたって、我われは数年前から準備に当たり、翻訳を見直し、改訂を進めてきた。

第一一巻以降、我われはラカンの四つのセミネールを訳出した。『精神分析の倫理』（小出、鈴木、保科正章、菅原誠一訳、二〇〇二）、『対象関係』（小出、鈴木、菅原訳、二〇〇六）、『転移』（小出、鈴木、菅原訳、二〇一五）そして『不安』（小出、鈴木、菅原、古橋忠晃訳、二〇一七)である。本書第一一巻の翻訳改訂にあたっては、これら四つのセミネールの翻訳を通じて得たラカン理論の理解を文庫版に反映させることも企図した。

翻訳改訂作業は小出、鈴木、深尾、菅原、古橋の五人の読書会で進め、出来上がった原稿を新宮、小川が確認する方法をとった。今回の文庫版に、文庫版翻訳改訂協力者として菅原誠一、深尾琢、古橋忠晃の三名の名を付するのはそのためである。

文庫版としては異例であるが、本文庫に解説が付されていないのは、本書の解釈をできるだけ読者に委ねたいという編者ミレール氏の意向によるものである。

文庫版の刊行を実現に導いてくれた岩波書店、とりわけ清水愛理氏にこの場を借りて深く感謝の意を表したい。

二〇二〇年四月

訳　者

二〇〇〇年版 訳者覚え書き

1　本書は Jacques Lacan, Le Séminaire, Livre XI: Les quatre concepts fondamentaux de la psychanalyse 1964, Texte établi par Jacques-Alain Miller, Seuil 1973 の全訳である。

ラカンのセミネールは一九五三年からサンタンヌ病院で行われてきたが、一一年目の一九六三年に——この年は「〈父の諸名〉」のセミネールが予定されていたが——ラカンが国際精神分析協会から「破門」され、場所を高等師範学校へ移して数カ月遅れで、タイトルを改めて再開された。この間の事情は、本書の冒頭でラカン自身が述べているし、また(我われが第一巻『フロイトの技法論』の冒頭に掲載した)編者ジャック＝アラン・ミレールの「日本語版への序に代えて」にも記されている。この時から初めてラカンのセミネールに参加した編者ジャック＝アラン・ミレールは、最初に編集するセミネールとしてこの巻を選び、一九七三年に本書のフランス語版を出版した。そのためこの巻には末尾に「編者説明文」とラカンの「後記」が添えられている。

ラカンのセミネールはSeuil社から全二六巻の出版が予告されており、現在この第一一巻を含めて一〇巻*が既に刊行されている。これらはいずれもラカンが行ったセミネールの速記録やテープをもとに、ジャック＝アラン・ミレールが編集したものである。

（*二〇二〇年四月の段階では一六巻が出版されている。ただし、一部はSeuil社以外からである。二〇二〇年加筆。）

2　次のようなフランス語はこれまで、場合によってはそれぞれ（　）内のように翻訳されているが、本書ではあえて邦訳せず、片仮名書きとした。signifiant シニフィアン（意味するもの、能記、記号表現）、signifié シニフィエ（意味されるもの、所記、記号内容）、langue ラング（言語体系、言語、国語）、langage ランガージュ（言語活動、言語、ことば）、parole パロール（話、はなし、ことば）、discours ディスクール（言説、談話）。ただし、邦訳した方がふさわしい場合には適宜邦訳し、それぞれ片仮名のルビをふった。

3　フランス語の原文や原語を残すことが内容の理解の上で不可欠と思われるところはこれを残し、その訳とともに示した。

4　ドイツ語、ラテン語など、フランス語以外の言葉が使われている箇所は原語を残し、邦訳と共に示した。ただし、何度も同じ語が出てくるところは邦訳または原語のみを示した。

5　原文でイタリックになっているところ、及び引用文、引用句には「　」をつけた。書名、論文名には『　』を付した。〔　〕は訳者の補足である。

6　本文中に引用されているフロイトのテクストは、ラカンの示した仏語訳を邦訳したものである。

7　註は、本書の解釈をできるだけ読者に委ねたいという編者ミレール氏の意図に基づき、邦訳上必要最小限の訳註のみにとどめた。また同じ理由により、訳者の前書き、後書きは加えなかった。

8　謝辞――この訳書のもととなったのは、名古屋大学医学部精神科有志の読書会である。その会に参加されていた浅岡まさみ、小川周二、西岡和郎、その他の諸氏にお礼を申し上げる。また名古屋大学文学部哲学講座の金山弥平先生には、本書中のギリシア語について数々の貴重なご教示を賜った。さらに、神戸大学名誉教授廣田正敏先生には本書の末尾に添えられている「後記」の凝った詩的表現について特にご教示いただいた。

お名前を挙げて感謝したい。

最後に我われの意図を実現へと導いてくれた岩波書店の大塚信一、高村幸治、清水愛理の各氏に感謝の意を表したい。

二〇〇〇年八月

訳　者

ジャック・ラカン 精神分析《せいしんぶんせき》の四基本概念《よんきほんがいねん》（下）〔全 2 冊〕
ジャック＝アラン・ミレール編

2020 年 10 月 15 日　第 1 刷発行
2023 年 4 月 14 日　第 2 刷発行

訳　者　小出浩之《こいでひろゆき》　新宮一成《しんぐうかずしげ》
鈴木國文《すずきくにふみ》　小川豊昭《おがわとよあき》

発行者　坂本政謙

発行所　株式会社 岩波書店
〒101-8002 東京都千代田区一ツ橋 2-5-5

案内 03-5210-4000　営業部 03-5210-4111
文庫編集部 03-5210-4051
https://www.iwanami.co.jp/

印刷・理想社　カバー・精興社　製本・中永製本

ISBN 978-4-00-386017-5　　Printed in Japan

読書子に寄す

――岩波文庫発刊に際して――

岩波茂雄

真理は万人によって求められることを自ら欲し、芸術は万人によって愛されることを自ら望む。かつては民を愚昧ならしめるために学芸が最も狭き堂宇に閉鎖されたことがあった。今や知識と美とを特権階級の独占より奪い返すことはつねに進取的なる民衆の切実なる要求である。岩波文庫はこの要求に応じそれに励まされて生まれた。それは生命ある不朽の書を少数者の書斎と研究室とより解放して街頭にくまなく立たしめ民衆に伍せしめるであろう。近時大量生産予約出版の流行を見る。その広告宣伝の狂態はしばらくおくも、後代にのこすと誇称する全集がその編集に万全の用意をなしたるか。千古の典籍の翻訳企図に敬虔の態度を欠かざりしか。さらに分売を許さず読者を繋縛して数十冊を強うるがごとき、はたしてその揚言する学芸解放のゆえんなりや。吾人は天下の名士の声に和してこれを推挙するに躊躇するものである。このときにあたって、岩波書店は自己の責務のいよいよ重大なるを思い、従来の方針の徹底を期するため、すでに十数年以前より志して来た計画を慎重審議この際断然実行することにした。吾人は範をかのレクラム文庫にとり、古今東西にわたって文芸・哲学・社会科学・自然科学等種類のいかんを問わず、いやしくも万人の必読すべき真に古典的価値ある書をきわめて簡易なる形式において逐次刊行し、あらゆる人間に須要なる生活向上の資料、生活批判の原理を提供せんと欲する。この文庫は予約出版の方法を排したるがゆえに、読者は自己の欲する時に自己の欲する書物を各個に自由に選択することができる。携帯に便にして価格の低きを最主とするがゆえに、外観を顧みざるも内容に至っては厳選最も力を尽くし、従来の岩波出版物の特色をますます発揮せしめようとする。この計画たるや世間の一時の投機的なるものと異なり、永遠の事業として吾人は微力を傾倒し、あらゆる犠牲を忍んで今後永久に継続発展せしめ、もって文庫の使命を遺憾なく果たさしめることを期する。芸術を愛し知識を求むる士の自ら進んでこの挙に参加し、希望と忠言とを寄せられることは吾人の熱望するところである。その性質上経済的には最も困難多きこの事業にあえて当たらんとする吾人の志を諒として、その達成のため世の読書子とのうるわしき共同を期待する。

昭和二年七月

《哲学・教育・宗教》〔青〕

- ソクラテスの弁明・クリトン　プラトン　久保勉訳
- ゴルギアス　プラトン　加来彰俊訳
- 饗宴　プラトン　久保勉訳
- テアイテトス　プラトン　田中美知太郎訳
- パイドロス　プラトン　藤沢令夫訳
- メノン　プラトン　藤沢令夫訳
- 国家　全二冊　プラトン　藤沢令夫訳
- プロタゴラス　—ソフィストたち　プラトン　藤沢令夫訳
- パイドン　—魂の不死について　プラトン　岩田靖夫訳
- アナバシス　—敵中横断六〇〇〇キロ　クセノポン　松平千秋訳
- アリストテレス　ニコマコス倫理学　全二冊　高田三郎訳
- アリストテレス　形而上学　全二冊　出隆訳
- アリストテレス　弁論術　戸塚七郎訳
- アリストテレース　詩学・ホラーティウス　詩論　松本仁助・岡道男訳
- 物の本質について　ルクレーティウス　樋口勝彦訳
- エピクロス　—教説と手紙　出隆・岩崎允胤訳

- 生の短さについて　他二篇　セネカ　大西英文訳
- 怒りについて　他二篇　セネカ　兼利琢也訳
- エピクテトス　人生談義　全二冊　國方栄二訳
- マルクス・アウレーリウス　自省録　神谷美恵子訳
- 老年について　キケロー　中務哲郎訳
- 友情について　キケロー　中務哲郎訳
- 弁論家について　全二冊　キケロー　大西英文訳
- キケロー書簡集　高橋宏幸編
- エラスムス＝トマス・モア往復書簡　沓掛良彦・高田康成訳
- 方法序説　デカルト　谷川多佳子訳
- 哲学原理　デカルト　桂寿一訳
- 精神指導の規則　デカルト　野田又夫訳
- 情念論　デカルト　谷川多佳子訳
- パンセ　全三冊　パスカル　塩川徹也訳
- 知性改善論　スピノザ　畠中尚志訳
- スピノザ　エチカ（倫理学）　全二冊　畠中尚志訳
- モナドロジー　他二篇　ライプニッツ　谷川多佳子・岡部英男訳

- ハイラスとフィロナスの三つの対話　バークリ　戸田剛文訳
- 市民の国について　全二冊　ヒューム　小松茂夫訳
- 自然宗教をめぐる対話　ヒューム　犬塚元訳
- 人間機械論　ド・ラ・メトリ　杉捷夫訳
- エミール　全三冊　ルソー　今野一雄訳
- ルソー　告白　全三冊　桑原武夫訳
- 人間不平等起原論　ルソー　本田喜代治・平岡昇訳
- ルソー　社会契約論　桑原武夫・前川貞次郎訳
- 政治経済論　ルソー　河野健二訳
- 学問芸術論　ルソー　前川貞次郎訳
- 演劇について　—ダランベールへの手紙　ルソー　今野一雄訳
- 言語起源論　—旋律と音楽的模倣について　ルソー　増田真訳
- ディドロ、ダランベール編　百科全書　—序論および代表項目　桑原武夫訳編
- ディドロ　絵画について　佐々木健一訳
- 道徳形而上学原論　カント　篠田英雄訳
- 啓蒙とは何か　他四篇　カント　篠田英雄訳
- 純粋理性批判　全三冊　カント　篠田英雄訳

カント 実践理性批判 — 波多野精一・宮本和吉・篠田英雄訳
判断力批判 全二冊 — カント 篠田英雄訳
永遠平和のために — カント 宇都宮芳明訳
プロレゴメナ — カント 篠田英雄訳
学者の使命・学者の本質 — フィヒテ 宮崎洋三訳
シュライエルマッハー 独白 — 木場深定訳
哲学史序論 —哲学と哲学史 — ヘーゲル 武市健人訳
ヘーゲル 政治論文集 全二冊 — 金子武蔵訳
歴史哲学講義 全二冊 — ヘーゲル 長谷川宏訳
法の哲学 —自然法と国家学の要綱 — ヘーゲル 上妻精・佐藤康邦・山田忠彰訳
自殺について 他四篇 — ショウペンハウエル 斎藤信治訳
読書について 他二篇 — ショウペンハウエル 斎藤忍随訳
知性について 他四篇 — ショーペンハウエル 細谷貞雄訳
将来の哲学の根本命題 他二篇 — フォイエルバッハ 松村一人・和田楽訳
不安の概念 — キェルケゴール 斎藤信治訳
死に至る病 — キェルケゴール 斎藤信治訳
体験と創作 全二冊 — ディルタイ 柴田治三郎・小牧健夫訳

眠られぬ夜のために 全二冊 — ヒルティ 草間平作・大和邦太郎訳
幸福論 全三冊 — ヒルティ 草間平作・大和邦太郎訳
悲劇の誕生 — ニーチェ 秋山英夫訳
ツァラトゥストラはこう言った 全二冊 — ニーチェ 氷上英廣訳
道徳の系譜 — ニーチェ 木場深定訳
善悪の彼岸 — ニーチェ 木場深定訳
この人を見よ — ニーチェ 手塚富雄訳
プラグマティズム — W・ジェイムズ 桝田啓三郎訳
宗教的経験の諸相 全二冊 — W・ジェイムズ 桝田啓三郎訳
純粋経験の哲学 — W・ジェイムズ 伊藤邦武編訳
純粋現象学及現象学的哲学考案 全二冊 — フッセル 池上鎌三訳
デカルト的省察 — フッサール 浜渦辰二訳
ジンメル宗教論集 — 深澤英隆編訳
愛の断想・日々の断想 — ジンメル 清水幾太郎訳
笑い — ベルクソン 林達夫訳
道徳と宗教の二源泉 — ベルクソン 平山高次訳
物質と記憶 — ベルクソン 熊野純彦訳

時間と自由 — ベルクソン 中村文郎訳
ラッセル教育論 — 安藤貞雄訳
ラッセル幸福論 — 安藤貞雄訳
存在と時間 全四冊 — ハイデガー 熊野純彦訳
学校と社会 — デューイ 宮原誠一訳
民主主義と教育 全二冊 — デューイ 松野安男訳
歴史と自然科学・道徳の原理に就て・聖 — ヴィンデルバント 篠田英雄訳
我と汝・対話 『プレルーディエン』より — マルティン・ブーバー 植田重雄訳
アラン 幸福論 — 神谷幹夫訳
アラン 定義集 — 神谷幹夫訳
天才の心理学 — E・クレッチュマー 内村祐之訳
英語発達小史 — H・ブラッドリ 寺澤芳雄訳
日本の弓術 — オイゲン・ヘリゲル述 柴田治三郎訳
饒舌について 他五篇 — プルタルコス 柳沼重剛訳
ことばのロマンス —英語の語源 — ウィークリー 寺澤芳雄・出淵博訳
人間 —シンボルを操るもの — カッシーラー 宮城音弥訳
国家と神話 全二冊 — カッシーラー 熊野純彦訳

天才・悪　ブレンターノ　篠田英雄訳

人間の頭脳活動の本質 他一篇　ディーツゲン　小松摂郎訳

プラトン入門　R.S.ブラック　内山勝利訳

反啓蒙思想 他二篇　バーリン　松本礼二編

マキアヴェッリの独創性 他三篇　バーリン　川出良枝編

論理哲学論考　ウィトゲンシュタイン　野矢茂樹訳

自由と社会的抑圧　シモーヌ・ヴェイユ　冨原眞弓訳

根をもつこと 全二冊　シモーヌ・ヴェイユ　冨原眞弓訳

重力と恩寵　シモーヌ・ヴェイユ　冨原眞弓訳

全体性と無限 全二冊　レヴィナス　熊野純彦訳

啓蒙の弁証法 —哲学的断想　M・ホルクハイマー T・W・アドルノ　徳永恂訳

ヘーゲルからニーチェへ —十九世紀思想における革命的断絶 全二冊　レーヴィット　三島憲一訳

統辞構造論 付『言語理論の論理構造』序論　チョムスキー　福井直樹 辻子美保子訳

統辞理論の諸相 方法論序説　チョムスキー　福井直樹 辻子美保子訳

言語変化という問題 —共時態、通時態、歴史　E・コセリウ　田中克彦訳

快楽について　ロレンツォ・ヴァッラ　近藤恒一訳

古代懐疑主義入門 —判断保留の十の方式　J・アナス J・バーンズ　金山弥平訳

ニーチェ みずからの時代と闘う者　ルドルフ・シュタイナー　高橋巖訳

人間精神進歩史 全二冊　コンドルセ　渡辺誠訳

人間の教育 全二冊　フレーベル　荒井武訳

フレーベル自伝　長田新訳

旧約聖書 創世記　関根正雄訳

旧約聖書 出エジプト記　関根正雄訳

旧約聖書 ヨブ記　関根正雄訳

旧約聖書 詩篇　関根正雄訳

新約聖書 福音書　塚本虎二訳

文語訳 新約聖書 詩篇付

文語訳 旧約聖書 全四冊

キリストにならいて　トマス・ア・ケンピス　大沢章 呉茂一訳

聖アウグスティヌス 告白 全二冊　服部英次郎訳

アウグスティヌス 神の国 全五冊　服部英次郎 藤本雄三訳

新訳 キリスト者の自由・聖書への序言　マルティン・ルター　石原謙訳

シュヴァイツェル イエスの生涯 —メシアと受難の秘密　シュヴァイツェル　波木居齊二訳

キリスト教と世界宗教　シュヴァイツェル　鈴木俊郎訳

水と原生林のはざまで　シュヴァイツェル　野村実訳

コーラン 全三冊　井筒俊彦訳

エックハルト説教集　田島照久編訳

ムハンマドのことば ハディース　小杉泰編訳

新約聖書外典 ナグ・ハマディ文書抄　荒井献 大貫隆 小林稔 筒井賢治 編訳

後期資本主義における正統化の問題　ハーバーマス　山田正行・金慧訳

シンボルの哲学 —理性、祭礼、芸術のシンボル試論　S・K・ランガー　塚本明子訳

ジャック・ラカン 精神分析の四基本概念 全二冊　ジャック=アラン・ミレール編　小出浩之 新宮一成 鈴木國文 小川豊昭訳

精神と自然 —生きた世界の認識論　グレゴリー・ベイトソン　佐藤良明訳

《東洋思想》〔青〕

易経 全二冊 高田真治・後藤基巳訳
論語 金谷治訳注
孔子家語 藤原正校訳
孟子 全二冊 小林勝人訳注
老子 蜂屋邦夫訳注
荘子 全四冊 金谷治訳注
新訂 孫子 金谷治訳注
荀子 全二冊 金谷治訳注
韓非子 全四冊 金谷治訳注
史記列伝 全五冊 司馬遷 小川環樹・今鷹真・福島吉彦訳
春秋左氏伝 全三冊 小倉芳彦訳
塩鉄論 曾我部静雄訳註
千字文 小川環樹・木田章義注解
大学・中庸 金谷治訳注
仁学 —清末の社会変革論 譚嗣同 西順蔵・坂元ひろ子訳注
章炳麟集 —清末の民族革命思想 西順蔵・近藤邦康編訳
梁啓超文集 岡本隆司・石川禎浩・高嶋航編訳
マヌの法典 田辺繁子訳
ガンディー獄中からの手紙 森本達雄訳
ウパデーシャ・サーハスリー —真実の自己の探求 シャンカラ 前田専学訳

《仏教》〔青〕

ブッダのことば —スッタニパータ 中村元訳
ブッダの真理のことば 感興のことば 中村元訳
般若心経・金剛般若経 中村元・紀野一義訳註
法華経 全三冊 坂本幸男・岩本裕訳注
日蓮文集 兜木正亨校注
浄土三部経 全二冊 中村元・早島鏡正・紀野一義訳註
大乗起信論 宇井伯寿・高崎直道訳注
臨済録 入矢義高訳注
碧巌録 全三冊 入矢義高・溝口雄三・末木文美士・伊藤文生訳注
無門関 西村恵信訳注
法華義疏 全二冊 聖徳太子 花山信勝校訳
往生要集 全二冊 源信 石田瑞麿訳注
教行信証 親鸞 金子大栄校訂
歎異抄 金子大栄校注
正法眼蔵 全四冊 道元 水野弥穂子校注
正法眼蔵随聞記 懐奘編 和辻哲郎校訂
道元禅師清規 大久保道舟訳注
一遍上人語録 —付 播州法語集 大橋俊雄校注
一遍聖絵 聖戒編 大橋俊雄校注
南無阿弥陀仏 —付 心偈 柳宗悦
蓮如文集 蓮如 笠原一男校注
蓮如上人御一代聞書 稲葉昌丸校訂
日本的霊性 鈴木大拙 篠田英雄校訂
新編 東洋的な見方 鈴木大拙 上田閑照編
禅堂生活 鈴木大拙 横川顕正訳
大乗仏教概論 鈴木大拙 佐々木閑訳
浄土系思想論 鈴木大拙
神秘主義 キリスト教と仏教 鈴木大拙 坂東性純・清水守拙訳
禅の思想 鈴木大拙

ブッダ最後の旅 —大パリニッバーナ経 中村元訳
仏弟子の告白 —テーラガーター— 中村元訳
尼僧の告白 —テーリーガーター— 中村元訳
ブッダ神々との対話 —サンユッタ・ニカーヤI 中村元訳
ブッダ悪魔との対話 —サンユッタ・ニカーヤII 中村元訳
禅林句集 足立大進校注
ブッダが説いたこと ワールポラ・ラーフラ 今枝由郎訳
ブータンの瘋狂聖 ドウクパ・クンレー伝 ゲンドゥン・リンチェン編 今枝由郎訳
梵文和訳 華厳経入法界品 梶山雄一・丹治昭義・津田真一・田村智淳・桂紹隆 訳注

《音楽・美術》〔青〕

ベートーヴェンの生涯 ロマン・ロラン 片山敏彦訳
音楽と音楽家 シューマン 吉田秀和訳
モーツァルトの手紙 —その生涯のロマン 全二冊 柴田治三郎編訳
レオナルド・ダ・ヴィンチの手記 全二冊 杉浦明平訳
ゴッホの手紙 全三冊 硲伊之助訳
ロダンの言葉抄 高村光太郎訳 高田博厚・菊池一雄編
ビゴー日本素描集 清水勲編

ワーグマン日本素描集 清水勲編
河鍋暁斎戯画集 山口静一・及川茂編
葛飾北斎伝 飯島虚心 鈴木重三校注
ヨーロッパのキリスト教美術 —十二世紀から十八世紀まで 全二冊 エミール・マール 柳宗玄・荒木成子訳
近代日本漫画百選 清水勲編
ドーミエ諷刺画の世界 喜安朗編
デューラー 自伝と書簡 前川誠郎訳
蛇儀礼 ヴァールブルク 三島憲一訳
セザンヌ ガスケ 與謝野文子訳
迷宮としての世界 —マニエリスム美術 全二冊 グスタフ・ルネ・ホッケ 種村季弘・矢川澄子訳
日本洋画の曙光 平福百穂
映画とは何か 全二冊 アンドレ・バザン 野崎歓・大原宣久・谷本道昭訳
漫画 坊っちゃん 近藤浩一路
漫画 吾輩は猫である 近藤浩一路
ロバート・キャパ写真集 ICPロバート・キャパ・アーカイブ編
北斎 富嶽三十六景 日野原健司編
日本漫画史 —鳥獣戯画から岡本一平まで 細木原青起

世紀末ウィーン文化評論集 ヘルマン・バール 西村雅樹編訳
ゴヤの手紙 全二冊 大高保二郎・松原典子編訳
丹下健三建築論集 豊川斎赫編
丹下健三都市論集 豊川斎赫編

《法律・政治》〔白〕

人権宣言集　高木八尺・末延三次・宮沢俊義 編
新版 世界憲法集 第二版　高橋和之 編
君主論　マキアヴェッリ　河島英昭 訳
フィレンツェ史 全二冊　マキァヴェッリ　齊藤寛海 訳
リヴァイアサン 全四冊　ホッブズ　水田洋 訳
ビヒモス　ホッブズ　山田園子 訳
法の精神 全三冊　モンテスキュー　野田良之・稲本洋之助・上原行雄・田中治男・三辺博之・横田地弘 訳
ローマ人盛衰原因論　モンテスキュー　田中治男・栗田伸子 訳
第三身分とは何か　シィエス　稲本洋之助・伊藤洋一・川出良枝・松本英実 訳
教育に関する考察　ロック　服部知文 訳
完訳 統治二論　ジョン・ロック　加藤節 訳
寛容についての手紙　ジョン・ロック　加藤節・李静和 訳
キリスト教の合理性　ジョン・ロック　加藤節 訳
ルソー 社会契約論　桑原武夫・前川貞次郎 訳
アメリカのデモクラシー 全四冊　トクヴィル　松本礼二 訳
犯罪と刑罰　ベッカリーア　風早八十二・五十嵐二葉 訳
リンカーン演説集　高木八尺・斎藤光 訳
権利のための闘争　イェーリング　村上淳一 訳
近代人の自由と古代人の自由・征服の精神と簒奪 他一篇　コンスタン　堤林剣・堤林恵 訳
民主主義の本質と価値 他一篇　ハンス・ケルゼン　長尾龍一・植田俊太郎 訳
外交談判法　カリエール　坂野正高 訳
危機の二十年 ―理想と現実　E・H・カー　原彬久 訳
アメリカの黒人演説集 ―キング・マルコムX・モリスン 他　荒このみ 編訳
モーゲンソー 国際政治 全三冊 ―権力と平和　原彬久 監訳
現代議会主義の精神史的状況 他一篇　カール・シュミット　樋口陽一 訳
第二次世界大戦外交史 全二冊　芦田均
憲法講話　美濃部達吉
日本国憲法　長谷部恭男 解説
民主体制の崩壊 ―危機・崩壊・再均衡　ファン・リンス　横田正顕 訳

《経済・社会》〔白〕

政治算術　ペティ　大内兵衛・松川七郎 訳
国富論 全四冊　アダム・スミス　水田洋 監訳　杉山忠平 訳
道徳感情論 全二冊　アダム・スミス　水田洋 訳
法学講義　アダム・スミス　水田洋 訳
コモン・センス 他三篇　トーマス・ペイン　小松春雄 訳
経済学における諸定義　マルサス　玉野井芳郎 訳
オウエン自叙伝　ロバアト・オウエン　五島茂 訳
戦争論 全三冊　クラウゼヴィッツ　篠田英雄 訳
自由論　J・S・ミル　塩尻公明・木村健康 訳
ミル自伝　朱牟田夏雄 訳
大学教育について　J・S・ミル　竹内一誠 訳
功利主義　J・S・ミル　関口正司 訳
ユダヤ人問題によせて ヘーゲル法哲学批判序説　マルクス　城塚登 訳
経済学・哲学草稿　マルクス　城塚登・田中吉六 訳
新編輯版 ドイツ・イデオロギー　マルクス　エンゲルス　廣松渉 編訳　小林昌人 補訳
マルクス エンゲルス 共産党宣言　大内兵衛・向坂逸郎 訳
賃労働と資本　マルクス　長谷部文雄 訳
賃銀・価格および利潤　マルクス　長谷部文雄 訳
マルクス 経済学批判　武田隆夫・遠藤湘吉・大内力・加藤俊彦 訳
マルクス 資本論 全九冊　エンゲルス 編　向坂逸郎 訳